Julian Pastor (Hg.)

Hitlers Vernichtungsbefehle
Die Geheimprotokolle von August Eigruber

Calwer Edition für Friedens- und Konfliktgeschichte
herausgegeben von Julian Pastor
Band 1

Julian Pastor (Hg.)

Hitlers Vernichtungsbefehle

Die Geheimprotokolle von August Eigruber

Über den Herausgeber

Julian Pastor ist Referent für historisch-politische Bildung in Stuttgart. Er ist Mitglied bei *Historians for Future,* einem Historikernetzwerk, das sich mit der Klimabewegung solidarisiert.

Bildnachweis

Titelfoto: August Eigruber, Illustrierter Beobachter (22. September 1938), S. 1376.

Die Deutsche Nationalbibliothek verzeichnet diese Publikation in der Deutschen Nationalbibliografie. Detaillierte bibliografische Daten sind im Internet über https://dnb.dnb.de abrufbar.

1. Auflage 2023

© by Friedrich-Muckermann-Zentrum

c/o Block Services
Stuttgarter Str. 106
70736 Fellbach

ISBN 978-1-4478-9026-3

Für Yannis, David und Philipp

Inhalt

Einführung

In einer Welt, die von Krieg, Hunger und Ausbeutung heimgesucht wird und in der sogar das Leben der Ungeborenen und der Menschen auf dem Sterbebett weniger gilt als kalte wirtschaftliche Berechnungen, hat das Thema Menschenrechte eine ähnliche Aktualität erreicht wie in der Zeit des Zweiten Weltkriegs. Wer aus der Geschichte nicht lernt, ist dazu verdammt, sie zu wiederholen. Nicht nur die rund 50 Mio. Opfer des Zweiten Weltkriegs, sondern auch die 768 Millionen Hungernden heute sind ein Hilfeschrei gegen die politische Willkür, mal in dem offenen, mal in dem sanften Totalitarismus.

Eine bislang kaum beachtete Quelle des offenen Totalitarismus und der unverblümten Misanthropie sind die Protokolle der Hitlerreden durch den österreichischen Gauleiter August Eigruber. Eigruber, geboren 1907 und gelernter Handwerker, trat mit 15 Jahren der Nationalsozialistischen Arbeiterjugend Österreichs bei. Im Jahr 1935 wurde er Gaugeschäftsführer von Oberösterreich und im Jahr 1938 Gauleiter von Oberdonau. Zu seinen Verbrechen gehören die Erschießung von fahnenflüchtigen Soldaten und der Befehl zur Hinrichtung von 42 Mitgliedern der »Welser Gruppe«, einer aus Sozialisten, Kommunisten und Katholiken bestehenden Widerstandsgruppe. Diese wurden im April 1945 im KZ Mauthausen ermordet. Eigruber wurde von einem US-amerikanischen Militärgericht zum Tode verurteilt und im Jahr 1947 hingerichtet.

Doch auch nach seiner Hinrichtung lebte die Grundeinstellung der Nazis weiter: die Verachtung des Lebens, der alle Wahrheit vernichtende Relativismus sowie die erneute Übermacht kapitalistischer Rüstungskonzerne erschütterte die Schwachen wieder und wieder. Möge die vorliegende Edition zur Sensibilisierung für Nächstenliebe und Menschenrechte dienen.

Julian Pastor, Gründungspräsident des Friedrich-Muckermann-Zentrums

Legende

Bei der Edition wurden folgende Symbole verwendet:

{...} Tilgung im Original

⟨...⟩ Korrektur im Original

‹...› Ergänzung im Original

[...] Ergänzung in der Edition

Einige Stellen enthüllen die Misanthropie der Redner besonders deutlich. Diese Stellen sind **fett markiert**.

Zur Quellenlage

Die Quellenlage zur Verfolgung und Vernichtung der Juden im Dritten Reich ist unter anderem deshalb spärlich, weil das Material, dass die Verbrechen belegen würde, zu einem großen Teil vernichtet wurde. Am 16. Februar 1945, als die Niederlage und die darauf folgende gerichtliche Aufarbeitung der NS-Verbrechen schon zu abzusehen war, gab das Reichswirtschaftsministerium folgenden Runderlass heraus: »Wenn der Abtransport von Akten, deren Gegenstand antijüdische Tätigkeiten sind, nicht möglich ist, sind sie zu vernichten, damit sie nicht dem Feind in die Hände fallen«[1].

Stattdessen waren die klandestinen Tagungen der Gau- und Reichsleiter ein Hort, wo die eliminatorischen Absichten der Nationalsozialisten unverblümt geäußert werden konnten. Nicht die breite Öffentlichkeit, wo der Aufschrei groß gewesen wäre, sondern nur die vollständig mit der NS-Ideologie durchsetzten Funktionäre waren eingeweiht. Zu dem Ablauf dieser Tagungen äußerte sich der Reichskommissar Karl Kaufmann (1900–1969) in den Nürnberger Prozessen. Nach seiner Darstellung war auf den Gauleitertagungen, wo Hitler Befehle erteilt hat, zunehmend die Möglichkeit zur Diskussion eingeschränkt, sie waren am Ende »ausschließlich Befehlsausgaben«. Gemäß der offiziellen Niederschrift hatte die Befragung folgenden Wortlaut:

---

1 Walk (1981), S. 406.

DR. SERVATIUS: Gab es Anordnungen, Anweisungen, Besprechungen [über die politischen Absichten und Maßnahmen Hitlers]; was können Sie darüber sagen?

KAUFMANN: Es gab Besprechungen, die verhältnismäßig sehr selten stattfanden.

DR. SERVATIUS: In welcher Form fanden diese Besprechungen statt?

KAUFMANN: Für die Parteiführung in der Form von Reichsleiter- und Gauleiterbesprechungen. Ich muß berichtigen: nicht Besprechungen sondern Tagungen.

DR. SERVATIUS: Worin bestand der Unterschied zwischen Besprechung und Tagung?

KAUFMANN: In der Besprechung sehe ich die Möglichkeit der Diskussion. Diese Diskussionsmöglichkeit auf Führerbesprechungen hat etwa bestanden uneingeschränkt bis zum Weggang von Strasser 1932, beschränkt bis zum Weggang von Heß und war ausgeschlossen, nachdem Heß nicht mehr da war. Von diesem Zeitpunkt an waren die Tagungen ausschließlich Befehlsausgaben, auf denen Möglichkeiten zur Diskussion oder zu Anfragen nicht mehr gegeben waren. Diese Tagungen wurden von Bormann geleitet.[2]

Auch wenn das Zeugnis von Kaufmann mit Skepsis zu betrachten ist, so ist es dennoch aussagekräftig. Die Aussage, dass Martin Bormann die Gauleitertagungen geleitet habe, stimmt überein mit dem Protokoll der Gauleitertagung vom 6. und 7. Oktober 1943, wonach Bormann die Tagung eröffnet und beendet hat.

Aufschlussreich sind die Schreibmaschinenprotokolle von August Eigruber, aus denen die vorliegende Edition entstanden ist. Der Stuttgarter Historiker Wolfram Pyta hat sie im Oberösterreichischen Landesarchiv Linz entdeckt[3]. Mit Verweis auf die Übereinstimmungen zwischen den Eigruber-Protokollen und den Tagebüchern von Joseph Goebbels bezeichnete Pyta die Protokolle als zuverlässig[4]. Umso anstehender ist es für die Geschichtsforschung, weitere Belege ihre Zuverlässigkeit zu liefern. So sind zur Tagung vom 7. Oktober 1943 neben dem Tagebucheintrag von Goebbels auch ein Tagebucheintrag von Theodor Morell sowie die Rede von Heinrich Himmler erhalten. Goebbels erwähnt dieselben Redner wie August Eigruber. Die Ausführungen von Sedlmayer über die Rüstungslage der USA bezeichnete Goebbels zynisch als einen Überblick, »der so schmeichelhaft für die Amerikaner war, daß man sich am Ende nur wünschen könnte, daß auch in Deutschland die

---

2 Sekretariat des Internationalen Militärgerichtshofs (1948), S. 35 f.

3 Eigruber, August: Vorträge des Führers vor den Reichs- und Gauleitern, Oberösterreichisches Landesarchiv Linz, Politische Akten, Schachtel 49 I.

4 Pyta (2015), S. 401 u. 668.

jüdische Demokratie eingeführt würde«[5]. Theodor Morell, Hitlers Leibarzt, bemerkt über den Gesundheitszustand von Hitler in sein Tagebuch: »*11 Uhr: Injektion wie immer. Rechter Unterarm stark geschwollen: Franzbranntwein. (Gauleiter-Tagung.) Aussehen sehr gut*«[6]

Und auch die Rede von Heinrich Himmler auf dieser Tagung, die August Eigruber zusammenfassend anführt, ist auch in voller Länge erhalten. Der Historiker Erich Goldhagen hat sie im Bundesarchiv Koblenz aufgefunden[7]. Ihr Wortlaut stimmt mit Eigrubers Zusammenfassung überein. Darüber hinaus sind in der vollständigen Rede weitere menschenverachtende Äußerungen enthalten. Dem »Partisanen- und Bandenkampf im Osten und am Balkan«, den Eigruber aus der Rede erwähnt, tritt Himmler gemäß dem vollständigen Wortlaut mit folgenden Worten entgegen: »Je mehr [...] an Kräften eingesetzt wird, um so rascher ist diese Pest zu beseitigen«[8]. Den russischen General Wlassow bezeichnete Himmler als »sehr billig zu haben«, als »russische[s] Schwein« und als »unzuverlässige[r] Bursche«[9]. Das »Problem der Slaven«, wie es Eigruber paraphrasierte, führte Himmler mit folgenden Worten aus: »Selbstverständlich werden wir einen Slawen finden, aus dem eine früher einmal gute Rasse herausmendelt. Dann wollen wir dessen Kinder nehmen und nach Deutschland bringen. Fügt er sich nicht, wollen wir ihn totschlagen, weil er gefährlich ist«[10].

In dieser Rede behandelte Himmler auch den Plan, das Judentum auszurotten. Die Eigruber-Protokolle stimmen mit dem vollständigen Wortlaut der Himmlerrede auch darin überein, dass Himmler explizit forderte, auch jüdische Frauen und Kinder umzubringen, um »dieses Volk von der Erde verschwinden zu lassen«[11]. Weitere Übereinstimmungen sind das Verbot der Vetternwirtschaft sowie die Angaben über die Mitglieder der Waffen-SS mit nichtdeutscher Staatsbürgerschaft. Die in den Eigruber-Protokollen enthaltenen Anweisungen zur »Ausrottung« der Juden haben in der Tat einen hohen Quellenwert. So forderte Hitler in der Rede vom 7. Mai 1943: »Das Judentum Europas muß ausgerottet werden. Ist Europa judenfrei, wird es ei-

---

5 Goebbels (1993–1996), Bd. 10, S. 71.
6 Morell (1983), S. 134.
7 Krebs/Tschacher (2007), S. 164.
8 Himmler (1974), S. 163.
9 Ebd., S. 164.
10 Ebd., S. 166.
11 Ebd., S. 169.

ner langen Friedensperiode entgegengehen«[12]. Ferner: »Der Staat, der die Juden restlos beseitigt, ist gegen jede Revolution gefeit. In Deutschland gibt es keine Revolution mehr, weil wir mit den Juden restlos aufräumen«[13].

Den Plan, den Holocaust durchzuführen, hat Hitler bei den Gauleiterbesprechungen deutlich unverblümter formuliert als in der breiten Öffentlichkeit. Zu den vergleichbaren Formulierungen in der Öffentlichkeit gehört Hitlers Überlegung in *Mein Kampf*: »Hätte man zu Kriegsbeginn und während des Krieges einmal zwölf- oder fünfzehntausend dieser hebräischen Volksverderber so unter Giftgas gehalten wie Hunderttausende unserer allerbesten deutschen Arbeiter aus allen Schichten und Berufen es im Felde erdulden mußten, dann wäre das Millionenopfer der Front nicht vergeblich gewesen«[14]. Ferner seine Drohung der Reichstagsrede vom 30. Januar 1939: »Wenn es dem internationalen Finanzjudentum in und außerhalb Europas gelingen sollte, die Völker noch einmal in einen Weltkrieg zu stürzen, dann wird das Ergebnis nicht die Bolschewisierung der Erde und damit der Sieg des Judentums sein, sondern die Vernichtung der jüdischen Rasse in Europa«[15]. Beide Aussagen hat Hitler für die Öffentlichkeit getätigt und enthüllen einen eliminatorischen Antisemitismus. Im Unterschied zu den Äußerungen in den Eigruber-Protokollen sind diese aber nur als Eventualitäten formuliert. Umso bezeichnender ist es, wie offen Hitler in dem engen Kreis der vollständig überzeugten Nationalsozialisten die Judenvernichtung formuliert. Somit sind die Protokolle ist ein weiter Beleg dafür, dass es für den Holocaust einen realen Befehl gab.

---

12 Hier, S. 28.
13 Ebd., S. 27.
14 Hitler (2021), Bd. 2, S. 377.
15 Longerich (2001), S. 68.

Die Protokolle von August Eigruber

Protokoll der Tagung vom 23. Mai 1942

Vortrag des Führers am 23. Mai 1942 vor den Reichsleitern und Gauleitern in Berlin. Beginn 15,oo Uhr.

Der Führer erwähnte eingangs seines Vortrages den Tod einiger alter Parteigenossen, im besonderen den Tod des Gauleiters Roever[16], der ihm deshalb nahe ging, weil Roever im gleichen Alter wie der Führer war.

Ein Großteil der führenden Persönlichkeiten ist im Alter zwischen 50–60 Jahren. Die Tatsache erfordert eine noch größere Ausnutzung der vorhandenen Zeit und eheste Lösung schwebender Probleme.

Der Führer sprach die Meinung aus, daß schon jeder Vater sie sittliche Pflicht habe dafür zu sorgen, daß es seinen Kinder besser gehe als es ihm einst in der Jugend ergangen sei. Um so größer sei die Verpflichtung der führenden Männer des Reiches dafür zu sorgen, daß den kommenden Generationen das Elend und das Leid erspart bleibe, daß sie selbst einst durchmachen mußten. Der Führer führte aus, daß die Generation, die einen Krieg verloren habe, verpflichtet sei, den gegenwärtigen Krieg zu gewinnen und es nicht der nächsten Generation überlassen dürfe, das gut zu machen, was in dieser Generation schlecht gemacht worden sei.

Es ist keinesfalls das Fachwissen allein entscheidend, sondern ein stetiger, zäher und fanatischer Wille, der im Stande ist auch die größten Schwierigkeiten zu beseitigen und die schwersten Aufgaben zu lösen.

Der Glaube sei jeweils das Entscheidende gewesen. Es sei richtig, daß der Glaube »Berge versetzen« könne und letzte Kraft dann gebe, wenn alles andere versage. Wessen Glaube so stark ist, daß er die Kraft hat, am 9. November 1923[17] an den Wiederaufstieg Deutschlands zu glauben, der werde auch in diesem Krieg stark genug sein, um alle Rückschläge zu ertragen.

Er selbst habe für einen Nachfolger gesorgt und einen solchen dazu bestimmt, von dem er der Meinung ist, daß er das richtige Format besitzt.

Die Gauleiter haben ebenfalls in ihrem Bereich für einen guten Nachfolger zu sorgen, aber auch die tüchtigsten und zähesten Nationalsozialisten für die verantwortliche Mitarbeit auszusuchen und den Nachwuchs zu sichern.

Der Führer führte aus, daß die Ereignisse, die sich gegenwärtig abspielen, von einer

---

16 Carl Röver (1889–1942), Gauleiter von Weser-Ems.
17 8. und 9. November 1923, Putschversuch der NSDAP durch Adolf Hitler und Erich Ludendorff.

Tragweite und einem Ausmaß sind, das höchstens verglichen werden könnte mit dem Zusammenbruch der antiken Welt. Alle großen Ereignisse seither seien mit dem gegenwärtigen Geschehen nicht vergleichbar. Er empfinde es daher als eine besondere Gnade des Schicksals, daß gerade jetzt Deutschland so stark sei, wie noch nie zuvor.

Gerade die Auseinandersetzung mit Rußland habe ihm zu dieser Meinung die Gewißheit gegeben. Es war sein schwerster Entschluss am 22. Juni 1941 gegen die Sowjet-Union anzutreten. Verschiedene Wirtschaftskommissionen, welche Sowjet-Rußland bereisten, gaben Bericht von der ungeheuren Aufrüstung dieses Landes. Die hermitische [lies: hermetische] 20 jährige Abschließung von der übrigen Welt ließ erwarten, daß die Sowjet-Union mit militä(r)ischen Überraschungen aufwarten würde.

Am 22. Juni 1941[18] stand das Verhältnis zwischen deutschen und russischen Panzern 1 : 9 zu unseren Ungunsten.

Wenn nicht Deutschland, sondern Rußland die Initiative ergriffen hätte, so hätte keine Macht Europas diese militärische Kraft aufhalten können.

Besonders der vergangene Winter hat gezeigt, mit welchen ungeheuren Schwierigkeiten man fertig werden kann, wenn man eisern konsequent bleibt.

Nach den Vernichtungsschlachten bei Wjasma und Briansk[19] war vor unseren deutschen Armeen nichts mehr; wir hätten beliebig vormarschieren können. In diesem Augenblick setzte eine Schlamm- und Dreckperiode ein, welche uns zwang das Vorgehen zu stopen. Anfangs Dezember brach dann die ungeheure Kältewelle an der Ostfront ein.

Obwohl mir von allen Wetterpropheten – so führte der Führer aus – versichert wurde, daß nach der Regenzeit eine Periode käme, in der zwischen 0–6 Grad Kälte ein trockener Boden neue Operationen möglich mache, kam stattdessen eine Kältewelle von 40 und mehr Graden.

Die Lokomotiven froren ein und von 10 Maschinen konnten nur mehr 2 eingesetzt werden, ebenso froren die Weichen ein. Gleichzeitig blieben die Kraftfahrzeuge stecken, tausende von Autos froren ein, Motore[n] und Kühler barsten; in den Panzern und Raupenschleppern fror das Öl ein, da das Einheitsöl für die Kälte unbrauchbar war, Flugzeuge konnten nicht mehr starten, der Nachschub blieb stecken, weder Munition, noch Lebensmitteln [lies: Lebensmittel] konnten an die Front gebracht werden.

Der Führer führte aus, daß trotz gegenteiliger Meldung der verantwortlichen Männer im OKW[20] für die Winterausrüstung der Truppen nicht entsprechend vorgesorgt war.

---

18 Tag des Überfalls auf die Sowjetunion.
19 Doppelschlacht bei Wjasma und Brjansk, September bis November 1941.
20 Oberkommando der Wehrmacht.

Der Führer sprach sich äußerst lobend über den Erfolg der Woll-, Pelz- und Wintersachensammlung aus, womit sich die Partei besonders ausgezeichnet hat.

In diesem Augenblick haben manche Offiziere die Nerven verloren. Der Führer sprach davon, daß ein Teil der höheren Offiziere in einem zu hohen Lebensalter stand, um den schweren körperlichen Strapazen gewachsen zu sein. Er habe bei seinen strengen Maßnahmen, die bis zur gemeinen Kassation gingen, dasselbe Recht für sich beansprucht, das auch einstens preussische Könige hatten. Er führte aus, daß es kritische Situationen in der Geschichte eines Volkes gebe, in welchen der, der stehen bleibt, wenn ihm der Befehl zum Weitergehen gegeben wurde, die Todesstrafe verwirkt haben kann. Er stellte in Aussicht, daß er in nächster Zeit eine Reihe von Beförderungen vornehmen werde, ohne viel danach zu fragen, wie alt der Betreffende sei, ob er noch Vordermänner habe, ob er zur Beförderung »anstünde« usw. Er kündigte an, daß er eine Reihe jüngerer Offiziere zu Feldmarschällen befördern werde und grundsätzlich jeden Offizier, der ein Regiment befehligen kann, zum Oberst befördern werde, jeden Offizier, der ein Bataillon mit Erfolg geführt habe, zum Major machen werde und grundsätzlich jeden Kompaniechef, der eine Kompanie einige Zeit mit Erfolg geführt habe, zum Hauptmann avancieren ließe.

Der Führer erwähnte hierbei die besondere Zähigkeit und Tapferkeit der ᛋᛋ-Verbände. Diese waren in den kritischen Wochen oft die einzigen, die eisern ihre Pflicht erfüllten, während Regimenter und Divisionen zurückgingen, alles liegendlassend [lies: liegenlassend]. Geschütze, Panzer, Flugzeuge und Verpflegungslager gingen verloren.

Ich hatte in diesen Tagen der größten Anstrengung treue Kameraden zur Seite. Vorerst war es der Reichsmarschall, der sich hier als Nationalsozialist voll und ganz bewies. Er stellte seine Luftwaffe restlos für die Truppen zur Verfügung. Die großen Transportmaschinen wurden sofort eingesetzt, um den ausfallenden Nachschub zu übernehmen.

Ebenso setzten sich der verstorbene Reichsminister Todt[21] und Prof. Speer und noch andere in der Heimat mit ganzer Kraft ein. Viele Generäle, Offiziere und Unteroffiziere taten mit Zähigkeit, Idealismus und Selbstaufopferung ihre Pflicht – dies dürfte wohl beispiell{l}os sein.

Aber auch die Heimat hat, insbesondere durch das Ergebnis der Wintersachensammlung und durch den Arbeitseinsatz in den Rüstungsbetrieben dazu beigetragen, daß wir diese schwere Zeit überwinden konnten.

---

21 Fritz Todt (1891–1942), Generalinspektor für das Straßenwesen und Reichsminister für Bewaffnung und Munition.

Die Russen erfaßten die Lage und wußten, daß jetzt ihre Zeit gekommen sei. Stalin erklärte in einem Aufruf an seine Völker und die rote Armee, daß jetzt der Augenblick gekommen sei, die Deutschen zu schlagen. Das feindliche Ausland erging sich in einer unerhörten Propagandaschlacht gegen uns. Bei dieser Gelegenheit zeigten sich auch wieder einige, die nicht mehr mitkamen.

Der Führer rief den Reichsverkehrsminister zu sich und fragte ihn, warum unsere Lokomotiven die Kälte nicht aushalten und ob es nicht möglich ist, Lokomotiven zu bauen, die auch bei 40 Grad Kälte eingesetzt werden können. Der Reichsverkehrsminister erklärte dem Führer, daß dies unmöglich wäre. Daraufhin befahl der Führer zu erkunden, wer die Maschinen der Sibirienbahn gebaut habe und kam darauf, daß die Lokomotiven noch bis zum Jahre 1932 in Deutschland hergestellt wurden. Auf die Frage, warum nicht auch wir solche Lokomotiven hätten, erklärte der Reichsverkehrsminister, diese wären bei uns deshalb nicht möglich, weil sie zu einfach sind. Der Führer erklärte, eben deshalb, weil sie so einfach sind, müssen sofort solche Maschinen gebaut werden.

Der Führer erklärte weiter, daß er einige Männer entdeckt habe, welche im Verkehr ausgezeichnetes geleistet haben. Besonders sind es zwei junge Männer, welche überall in den Brennpunkten eingesetzt wurden. Einmal war es so, daß auf irgendeinem Bahnhof im Osten ein Durcheinander entstand und alles verstopft war. Die verantwortlichen Männer der Reichsbahn erklärten, sie wissen keinen Ausweg mehr. Daraufhin schickte der Führer einen dieser genannten Männer hin und in kurzer Zeit war das Durcheinander behoben. Der Führer hat die Überzeugung gewonnen, daß auch Staatssekretäre ausgetauscht werden können und ohne weiteres einmal ein junger aber energievoller Mann, der in die Zeit paßt, Staatssekretär werden kann.

In dem ungeheuren zähen Kampf war es langsam gelungen die Front wieder zum Stehen zu bringen und die Abwehrstellung zu halten. Wohl gelangen manche Einbrüche tief in unsere Linien den Russen, doch wurden sie immer wieder abgeriegelt, vernichtet oder aktionsunfähig gemacht.

Die Opfer stehen in keinem Verhältnis zu der ungeheuren kritischen Lage, in der sich die Ostfront befand. Insgesamt haben wir jetzt nicht ganz 300.000 Tote gegenüber 2 Millionen des Weltkrieges.

Durch den Einsatz der Organisation Todt, der Reichsbahn, Reichspost und vielen anderen Einheiten gelang es, den Transport wieder in Ordnung zu bringen und neue Waffen, Geräte und Fahrzeuge an die Front zu bringen.

In dem Augenblick als Japan in den Krieg eintrat, ergab sich eine völlig andere Situation. Nicht nur, daß dadurch dem Gegner im Fernen Osten einige wichtige Lebensadern abgeschnitten wurden und dadurch rohstoffmäßig Schwierigkeiten bei diesem auftraten, sondern wir konnten nun endlich durch unsere U-Boote jedes verkehrende Schiff im Atlantik versenken lassen. Bisher war es sehr schwierig für unsere U-Boote zu unterscheiden, ob es sich um einen englischen oder amerikanischen Dampfer handelte, denn beide fuhren in der Nacht abgedunkelt.

Jetzt aber, wo wir unsere U-Boot-Produktion unerhört gesteigert haben und in der nächsten Zeit auch die in der Ostsee eingefrorenen U-Boote freiwerden und in den Atlantik hinausfahren, erhöht sich die Zahl der am Feind befindlichen U-Boote auf das 1 1/2 fache. Der feindliche Schiffsverkehr wird dementsprechend noch schwere Verluste haben.

Eines haben wir, abgesehen davon, daß die norwegische, holländische, belgische und französische Küste zu einer schweren Abwehrstellung ausgebaut wurde, erreicht, daß unmöglich größere Landungen bezw. Invasionen stattfinden können, da die Tonnage zu solchen Landungsversuchen nicht mehr ausreicht.

Wenn Roosevelt behauptet, er habe das größte Schiffsbauprogramm der Welt, so kann Deutschland sagen, wir haben das größte U-Boot-Bauprogramm der Welt!

Die japanische Flotte wird der vereinigten englisch-amerikanischen Flotte den Garaus machen. Bisher trat die japanische Flotte noch gar nicht in Aktion, da alle bisherigen Seeschlachten ausschließlich von der japanischen Luftflotte durchgeführt wurden; sowohl in Hawai[i], als auch vor Singapur und im Korallenmeer.

Die japanische Flotte ist viel größer als man zahlenmässig weiß, da es die Japaner verstanden haben im geheimen zu bauen. Sie ist auch viel stärker und kann mit Überraschungen aufweisen, die nur der Führer kennt. Wenn die japanische Flotte einmal in Aktion tritt, dann ist es um die Feindflotten geschehen.

Deutschland hat in den vergangenen Monaten sowohl bezüglich Umfang als auch Neuerungen eine ungeheure Rüstungskapazität entfaltet. Die schweren Panzer, welche nicht nur gewichtsmäßig, sondern durch ihre artilleristische Kraft in der Lage sind alles zu zerschlagen, was sich ihnen in den Weg stellt, kommen jetzt in Serie an die Front. Ebenso hat Deutschland eine Tankabwehr, welche voraussichtlich im Herbst so weit sein wird, daß kein Tank mehr gefährlich werden kann; die Tankwaffe kann somit als ausgeschaltet betrachtet werden.

In Kertsch[22] wurde der Beweis geführt, daß sowohl unsere Angriffswaffen als auch der Angriffsgeist unserer Soldaten es ermöglichten, vorjähriges Ausmaß zu erreichen. Zur gleichen Zeit traten die Russen an zu einer Offensive im Raume von Charkow unter

---

22 Im Mai 1942 eroberte die Wehrmacht die Halbinsel Kertsch.

Marschall Timoschenko[23]. Mit größten Panzereinheiten sollte die Entscheidung des Ost-Feldzuges erzwungen werden.

Der Führer teilte mit, daß der südliche Teil der Timoschenkotruppen bereits eingeschlossen ist **und mindestens 250.000 vielleicht aber sogar 400.000 Mann in diesem Kessel der Vernichtung entgegengehen.**

Unsere Truppen gehen zum Angriff über und werden diesen Abschnitt aufrollen. Wie überhaupt jetzt langsam die Zeit kommt, wo wir wieder fest zuschlagen werden, mit dem Ziel, die russische Armee zu vernichten.

Auf jeden Fall ist dieser Kampf äußerst hart und verlange ich, so führte der Führer aus, **daher absolute Härte gegen jeden der vom** [lies: von] **Frieden, Ausgleich oder Verständigung spricht.** Wenn die amerikanischen Journalisten und Diplomaten, die jetzt abgereist sind, in Lissabon erklärten, in Deutschland herrsche Kriegsmüdigkeit, so geht dies nur von der sogenannten besseren Gesellschaft aus, die immer wieder beweist, daß sie nicht an Volksgemeinschaft denkt, sondern nur an ihr vergangenes gut bürgerliches Leben.

Der Führer lehnt diese sogenannte bessere Gesellschaft rundweg ab und erklärte, daß die gute Gesellschaft dort ist, wo wir sind, alles andere ist Scheiße.

Der Führer wandte sich auch gegen die sogenannten »Preußen«, die‹,› weil sie auf Grund ihres Geburtsscheines dorthin gehören, glauben, ein besonderes Anrecht zu haben. Preuße ist der, der mutig, zäh und ausdauernd seine Pflicht der Gemeinschaft gegenüber erfüllt. Es kann daher gerade so ein Kärntner, oder ein Bayer, ein Mecklenburger »Preuße« sein.

Wir müssen auch in der Heimat zu härteren Methoden kommen und gegen jeden, der diesen Kampf auf Leben und Tod schwächt, vorgehen. Der Führer hat deshalb vom Reichstag sich die Vollmacht geben lassen, damit er gegen Richter und Staatsanwälte, die zum Großteil aus der Zentrums- und den demokratischen Parteien kamen, vorgehen könne. Der Führer führte einige Beispiele von Urteilen an:

U.a. ein Urteil aus Berlin:

Ein Sexualverbrecher, welcher Frauen und Mädchen in den Abendstunden, wenn sie aus der Fabrik kamen, nachstellte, wurde zu 3 Jahren Zuchthaus verurteilt, obwohl dort im Stadtteil bekannt war, daß die Mädchen und Frauen in der Fabrik übernachteten, damit sie nicht nach Hause gehen mußten.

---

23 Semjon Timoschenko (1895–1970), Marschall und Verteidigungsminister der Sowjetunion.

Wenn heute einer die Verdunkelung ausnutzt zu einem Verbrechen, auch wenn er nur eine Handtasche stiehlt, wird er zum Tode verurteilt. In Friedenszeiten kann man einen 18 jährigen Jungen, der so etwas tut, vielleicht milder verurteilen; im Kriege nicht.

Der Führer stellt sich auch gegen die sogenannten wohl erworbenen Rechte gewisser Beamter und gegen den Urlaub. Er betonte, daß er von jedem äußerste Pflichterfüllung verlangen muß und gerade jetzt den vollen Einsatz erwarte –

In diesem Zusammenhang sprach sich der Führer auch gegen die Kirche aus, von der er erklärte, daß er wohl weiß, daß der Zeitpunkt kommen wird, wo auch mit der Kirche restlos abgerechnet werden muß. Allerdings ist dies nicht jetzt, sondern zu einer Zeit, die der Führer für richtig hält; er selbst wird den Auftakt dazu geben.

Im Osten aber sollen einmal unsere jungen Bauern und Wehrbauern eine neue Ostmark gründen. Die Bodenschätze und Rohstoffe sollen nicht einzelnen, sondern dem ganzen deutschen Volk gehören und zu Gute kommen, Die Volksgemeinschaft, die wir geschaffen haben, soll in Zukunft staatlich untermauert und ausgebaut werden. Der Führer führte zu diesem Thema abschließend aus, dass er »einen unerbittlichen Entschluss gefasst habe«.

Die Partei hat in der Heimat große Aufgaben zu erfüllen.

Der Führer dankte den Gauleitern der Westgebiete, welche sich vorbildlich um die Betreuung der durch Bombenschaden Geschädigten kümmern.

Zum Schluss der Ausführungen dankte der Führer dem Schicksal, welches ihn zu diesem Kampf ausersehen hat und erklärte, dass es für ihn und seiner Mitarbeiter doch nichts schöneres geben könne, als dem deutschen Volk die Einheit, die Freiheit und eine glückliche Zukunft zu erkämpfen.

Protokoll der Tagung vom 1. Oktober 1942

Gauleiter-Tagung am 1. Oktober 1942 in der Reichskanzlei – Beginn 16,oo Uhr.

Ansprache des Führers.

Bedürfnis die alten Parteigenossen über die Tagesfragen genau zu informieren und sie über Zukunft, Stellung und Aufgaben zu unterrichten.

Die geschichtliche Entwicklung des Deutschen Reiches hat immer zum Ziel gehabt eine innere Einheit des Volkes zu schaffen. Jedesmal [sic!] wurde von Aussen her die

Zersplitterung dieser Einheit versucht und auch herbeigeführt. Seit dem 30 jährigen Krieg[24], über den Deutsch-französischen Krieg 1870/71, dem Weltkrieg[25] und auch nachher wurde mit Erfolg von außen her die Vormachtstellung des deutschen Volkes zerstört bezw. aufgehalten.

Das Ziel des Führers war es von Anfang an die Hegemonie des deutschen Volkes in Europa zu erkämpfen, da sonst die Völker Asiens aufgrund ihres ungeheuren Bevölkerungszuwachses vorherrschend geworden wären. Europa ist rein geographisch genommen kein eigener Kontigent [lies: Kontinent], sondern eine vorspringende Halbinsel Asiens.

Europa hat wohl der Welt Kultur gegeben, doch wäre es nicht in der Lage in seiner Uneinigkeit und staatlichen Zersplitterung den [lies: dem] Ansturm der Völker Asiens auf die Dauer Stand zu halten.

Was Stalin seit dem Jahre 1928 vorbereitet hat[26], ist nicht sein Produkt, sondern eine konsequente Folgerung und Fortsetzung der großen Zaren Rußlands, welche sich ebenfalls die Eroberung Europas zum Ziele setzten. Die russische Aufrüstung begann nicht im Jahre der Machtübernahme des Nationalsozialismus, also im Jahre 1933, sondern schon im Jahre 1928. Es ist daher falsch anzunehmen, daß das nationalsozialistische Deutschland die Ursache der russischen Aufrüstung ist, sondern allein das Bestreben Rußlands Europa zu beherrschen.

Heute können wir dankbar sein, daß Stalin die gesamten zaristischen Offiziere samt dem Generalstab gesäubert und vernichtet hat, denn dadurch wurden die militärisch fähigsten Köpfe der Russen beseitigt.

Wäre ein gutes russisches Offizierskorps vorhanden, so wäre durch die Unmenge des Materials, welche den Russen zur Verfügung steht, ein viel größeres Unheil angerichtet worden. Die Säuberung der Offiziere ist in unseren Augen etwas vorteilhafter gewesen.

Der Führer hat nie gefühlsmäßig oder oberflächlich seine Handlungen ins Werk gesetzt, sondern aus Berechnung gemacht. Schon in der Zeit des Kampfes im Innern hat der Führer alle vorhandenen kriegerischen Faktoren voll und **ohne Gefühl** in Rechnung gestellt und den Sieg der Bewegung ausschließlich aus verstandesmäßigem Denken heraus prophezeit. Genau so kühl, rechnet er heute alle gegnerischen Faktoren ein und stellt sie in Rechnung. Dabei kommt ihm sein universales Wissen ungeheuer zu statten. Die politische Idee ist dabei tragend und allein entscheidend.

---

24 Dreißigjähriger Krieg, 1618–48.
25 Erster Weltkrieg, 1914–18.
26 1928, Beginn von Stalins erstem Fünfjahresplan.

So wie heute bei den Russen der politische Fanatismus entscheidend für den Kampfgeist und die Sturheit der russischen Soldaten ist, ist auch in Deutschland der politische Einsatz und die politische Führung das wichtigste, denn die Wirtschaft hat noch nie und niemals Helden erzeugt.

Die Wirtschaftler, auch die Militär- und Wehrwirtschaftler sind immer Krämer, die sich in Kalkulationen über die Ergibigkeit und somit über die Dividende des Werkes ergehen und die Technik nicht dazu benutzen dem Volk und dem Staate Neuerungen zu schaffen, sondern sich der Technik nur deshalb bedienen, weil ihr Geschäft dann ein größeres wird.

Die Autorität gehört dem politischen Führer und nicht dem Wirtschaftsführer. Die Wirtschaft darf niemals den politischen Einfluß auf die Führung des Staates ausüben und muß sich ausschließlich auf ihre Betriebe und die Produktion beschränken.

Die Wirtschaftler sind dem Verdienst und somit dem Geld ergeben und haben keinen Maßstab und auch keine große Konzeption.

Wie oft wird erzählt, daß die Produktion der Amerikaner und Engländer gigantisch sei, daß die Amerikaner z.B. für zwei Jahre mit Gummi eingedeckt wären, außerdem Stahl, Kupfer und Zinn usw. in Unmengen hätten.

Dies alles ist Unsinn!

Genau so wenig wie ein deutscher Wirtschaftler in seinen Fabriken für Jahre hinaus Rohstoffe lagern hat, weil ja diese Rohstoffe totes Kapital darstellen und keine Zinsen tragen würden auch sich der Betrag nicht amortisieren[27] würde und daher in den Augen eines wirtschaftlichen Krämers ein Verlustgeschäft wäre, genau so wenig können dies die amerikanischen Wirtschaftler sagen, noch dazu denken diese noch viel kapitalistischer und werden sich hüten ihr Kapital in Rohstoffen anzulegen, vielmehr lassen sie ihr Geld auf den Börsen spielen und legen es in Aktienpakten [lies: Aktienpaketen] der Rüstungsindustrie an, denn dort trägt es mehr Zinsen.

Der Optimismus, der uns heute beseelt ist richtig, da die Rohstoffschwierigkeiten der anderen in dem Ausmaße größer werden, als bei uns diese Schwierigkeiten sich verringern.

Der Gummi ist nun einmal ein Rohstoff, der den Engländern und Amerikanern verloren gegangen ist. Wenn es heißt, daß große Bunna-Fabriken [lies: Buna-Fabriken][28] in Amerika gebaut werden und daß die Produktion von 100.000 auf 500.000to erhöht wird, so können wir nur darüber lächeln, denn der Bau solcher Fabriken dauert 2 1/2 Jahre. Wir haben bereits mit dem Bau solcher Fabriken im Jahre 1935 begonnen und

---

27 sich amortisieren: beglichen werden.
28 Buna: synthetischer Kautschuk, ursprünglich von dem Chemiekonzern IG Farben.

schneller als wir{d}, können die Amerikaner auch heute nicht bauen. Denn man kann nicht gleichzeitig Millionen Arbeiter in die Armee stecken und zur selben Zeit hunderte von großen Rüstungswerken erstellen.

In Amerika besteht Stahl- und Schrotmangel, sowie Mangel an Menschen, Transportmöglichkeiten und Schiffe [lies: Schiffen].

Die Russen zehren heute von ihren ungeheuren angestappelten [lies: angestapelten] Mengen an Material, welches tatsächlich überraschend hoch war. Der Russe lebt aber auch heute von gewissen Voraussetzungen und diese Voraussetzungen haben wir, insbesondere in diesem Kriegsjahr 1942 ihnen abgenommen und uns angeeignet und zwar:

1. Die Ernährungsgebiete. Die besten und größten Weizenflächen der Ukraine, des Kubangebietes und des Schwarzen Erde-Gebietes zwischen Don und Donez ist in unserer Hand. Die Ernte erreichten wir rechtzeitig und wurde diese eingebracht. Dazu kommt noch, daß sämtliche Gebiete auf denen Ölfrüchte wachsen, ebenfalls in unserer Hand sind, besonders die großen Sonnenblumenfelder des Kubangebietes.

   Auch haben wir die ungeheuren Viehherden, die wir in der Ukraine antrafen uns angeeignet und die vertriebenen Herden, welche wir überraschend in der Nähe des Kuban wieder antrafen.

   Die Ernährung Deutschlands wird sich von Jahr zu Jahr bessern.

   Die Ernährung Russlands ist heute in Frage gestellt und trostlos.

2. Wer das Öl verliert, verliert den Krieg!

   Wir haben Maikop[29] **erobert und das Ölgebiet von Krossi**[30] **zertrümmert** und sind gerade dabei es in unsere Hand zu bekommen. Außerdem **brennt Astrachan**, der größte Ausfuhrhafen am Kaspischen Meer{n}, **weiters zertrümmern wir die Tankerflotte**, welche 200.000 to umfaßt und **auch Baku wird von unseren Bombern nach dem Falle Stalingrads zerstört**, denn so erhalten wir es ja nicht. Dazu kommt, daß die Wolga, welche über 30 Millionen Umschlag hatte, bereits seit Wochen abgeschnitten ist.

   Wir können heute schon feststellen, daß die Russen Flugplätze hinter der Front vollgestopft mit Flugzeugen haben, welche jedoch bei der Ankunft unserer Jäger und Bomber nicht mehr aufsteigen, da ihnen das nötige Flugbenzin fehlt. Würden wir 20 % unseres derzeitigen Öls verlieren, würde es genü-

---

29 Maikop, im August 1942 von der Wehrmacht besetzt.
30 Grosny, ölreiche Stadt, Hauptstadt der russischen Teilrepublik Tschetschenien.

gen, daß wir keine Offensive mehr machen könnten. Den Russen verbleibt höchstens 15 % ihrer bisherigen Ölerzeugung.

3. Dazu kommt noch der Verlust der großen Kohlengebiete im Don- und Donezgebiet. Es verbleibt den Russen nur mehr die schlechte Kohle des Urals, welche sie noch dazu einige 1000km herbeischaffen müssen. Außerdem der Fluß des Erzes ging ihnen verloren und zwar des hochwertigen manganhältigen Erzes.

Die russischen Panzer haben wesentlich von ihrer Widerstandskraft eingebüßt, sodaß unsere 5 cm Pak-Kanone wieder in der Lage ist, die Panzer zu durchschießen. Wir haben 65 % des Eisens und 85 % der Kohle erobert.

Die Russen greifen in Ermangelung guter Offiziere wie verrückt ohne strategischen Wert und Sinn an. Die russischen Divisionen sind auf 7000 Mann reduziert, sodaß sich hierbei bereits die Menschenverluste auswirken. Es verbleiben ihnen noch hochgeschätzt 80 – 85 Millionen Menschen. **Die Jungkommunisten allerdings kämpfen und sterben vorbildlich,** sie sind politisch fanatisierte Soldaten.

Unsere Verbündeten, Rumänen, Italiener und Ungarn stellen bereits große Kontingente, es beteiligt sich tatsächlich ganz Europa an diesem Kampf.

Uns steht die gesamte Industrie Europas zur Verfügung, sowohl die großen Rüstungswerke Westeuropas, Frankreich, Belgien usw. als auch Mitteleuropas. Die Produktion steigert sich dauern‹d,› insbesondere die Stahlproduktion konnte maßgeblich erhöht werden. Dazu kommt n‹o›ch, daß auch immer mehr Fabriken im Osten anlaufen. Besonders mit der Fertigstellung der gesprengten Kraftwerke von Sabaroschew kann im Donezgebiet der Erz[-] und auch der Kohleabbau anlaufen, die Hochöfen und die Rüstungsbetriebe wieder in Betrieb genommen werden.

Bis zum nächsten Jahr werden unsere Panzerwagen im Osten hergestellt werden können.

Die russische Industrie hatte keinen Einfluß, sie wurde diktiert von der kommunistischen Partei, auch bei uns muß die Partei unbeeinflußt von der Wirtschaft sein.

Wir sind sowohl in der Bewaffnung als auch in der Güte der Panzer auch für das kommende Jahr voraus. Auch die Lokomotiven für den Nachschub sind wieder da. Amerika baut 1400 Lokomotiven im Jahr, wir bauen in diesem Jahr 7000. ‹D›as Transportproblem ist für unsere Gegner das bedeutsamste.

Es steht fest, daß der Bau von neuen Schiffen immer langsamer wird, jedoch die Versenkungen immer höher werden. Unsere U-Boote sind bis zum indischen Ozean vorgedrungen. Wenn die Amerikaner und Engländer eine neue Waffe gegen unsere U-

Boote einsetzen, ist dafür gesorgt, daß neue U-Boote zum Einsatz kommen, und diese sind auch gegen die Waffen gefeit. Solche U-Boote befinden sich bereits auf Übungsfahrt. Außerdem kommen neue Fern-Bomber mit schwerster Bombenlast zum Einsatz. Japan hat eine ungeheure Seemacht und Flotte, welche noch lange nicht eingesetzt ist. Die bisherigen Siege, welche die Amerikaner bei den Salomon-Inseln erringen wollten, waren in Wirklichkeit vernichtende Niederlagen.

Nach kühler Überlegung und Berechnung kann nach all dem uns der Sieg niemals entrissen werden. Nur die eigene Dummheit in der strategischen Führung oder der innere Zusammenbruch könnten uns den Sieg nehmen.

Wie schlecht es auf der anderen Seite gestellt ist, sieht man aus der miserablen Stimmung, welche sowohl in Englang [lies: England] als auch in Amerika herrscht.

Wäre es in Deutschland denkbar, daß bei einer Reichstagsrede des Führers nur 30 Abgeordnete anwesend sind. Als Churchill das letzte Mal im Unterhaus sprach, waren am Ende seiner Rede gezählte 30 Abgeordnete anwesend.

Es macht sich nun doch der Zustand bemerkbar, daß man durch Niederlagen allein die Stimmung eines Volkes auf die Dauer nicht aufrecht erhalten kann. Auch die Engländer kommen darauf, daß die schönsten Reden nichts helfen, sondern am Ende nur die Taten d.h. die Siege.

Ebenso klar zeichnet sich die Wirtschaftskrise in Amerika ab. Das Gesetz Roosevelt [lies: Roosevelts] über den Preisstop wird die kapitalistischen Farmer, welche mit unseren Bauern nicht zu vergleichen sind, veranlassen, weniger Produkte zu erzeugen, um mehr verdienen zu können und die Rationierungen sind immer der größte Gewinn, denn diese werden immer Wochen vorher angekündigt, sodaß die, welche Geld haben, die zu rationierenden Gegenstände und Waren aufkaufen, um sie dann zu Wucherpreisen abzugeben.

Der Offizierszuwachs im deutschen Heer ist vom Führer geregelt. Es spielt in Zukunft keine Rolle, ob einer Reserveoffizier ist oder nicht, der Mutigste, Tapferste und politisch zuverlässigste wird befördert. Der Offizierszuwachs hat nichts mit Stellung, Geld, Herkunft oder Besitz zu tun.

Am besten kommt dies bei der Beförderung Rommels[31] zum Ausdruck. Der Führer lernte Rommel in seinem Hauptquartier in Polen kennen, dort war er für würdig gefunden, die Bewachung des Führer-Hauptquartiers zu übernehmen. Im Frankreichfeldzug hat Rommel als Divisionär die schneidigsten Panzervorstöße gemacht, in Afrika hat er sich auf sich selbst gestellt, bewährt, sodaß Rommel trotz Bedenken höherer Militärs

---

31 Erwin Rommel (1891–1944), Generalfeldmarschall.

am Ende Generalfeldmarschall wurde.

Der Führer wandte sich dann an alle Reichsleiter und Gauleiter und verlangte von diesen, daß sie keine Potentaten werden wollen, welche sich einen Lebensstil angewöh-
nen, der ihnen fremd ist, weil sie daran nicht gewöhnt sind.

Besonders gegen die Jägerei wandte sich der Führer, da die Jagd heute noch keine
Einrichtung sei, die vom Volke verstanden würde. Es kommt dies daher, weil früher nur
Aristokraten Jagden besaßen und diese sich gegen die Bevölkerung nicht gut benom-
men haben. Im übrigen werden zu Jagden meist Leute eingeladen, welche mit der
Partei nicht zu tun haben und nachdem die Jäger eine eigene Sprache sprechen und
eigene Sitten haben, würde eine Entfremdung gegenüber der Bevölkerung eintreten.

Genau so ist es mit dem Reiten.

Es gibt Dinge, die wir uns als politische Führer nicht leisten können. Nicht eine Popula-
ritätshascherei ist dies, daß wir ein persönlich einfaches Leben verlangen, sondern die
Aufgabe die uns gestellt wird – eine Gemeinschaft aus dem deutschen Volk – zu scha-
den.

Protokoll des Appells vom 7. Mai 1943

Berlin, den 7. Mai 1943

Appell

aller Reichsleiter, Gauleiter, SA-, SS-, NSKK-[32], NSFK-[33], Obergruppen- und Gruppen-
führer und aller Obergebiets- und Gebietsführer der HJ.

Der Führer erklärte eindringlichst, daß die Autofahrbeschränkung nicht allein für die
Bevölkerung, sondern in erster Linie für das Führerkorps der Partei, des Staates und
der Wehrmacht gelte. Er führte einzelne Beispiele von Disziplinlosigkeiten einiger füh-
render Männer an, so von Generalgouverneur Frank[34]. Im besonderen machte er aufmerksam auf die Pflicht der Polizeibeamten und auf die destruktive Wirkung, die das
Anbrüllen dieser Beamten nach sich zieht, wenn sie jemanden auf die Verkehrsregeln
aufmerksam machen. Der Führer erklärte, daß er jedem in Zukunft das Auto sperren
wird und den Betreffenden zur Verantwortung zieht, der durch die Nichteinhaltung seiner Befehle entweder sich selbst oder andere in Gefahr bringt.

---

32 Nationalsozialistisches Kraftfahrkorps.
33 Nationalsozialistisches Fliegerkorps.
34 Hans Frank (1900–1946), Generalgouverneur der besetzten Gebiete von Polen.

Protokoll der Tagung vom 7. Mai 1943

Gauleitertagung

am 7. Mai 1943, 16.oo Uhr

Der Führer führte aus:

In diesem Kriege stehen uns bürgerliche und weltanschaulich gefestigte Staaten gegenüber. Er sei überzeugt, daß die bürgerlichen Staaten, gleich ob sie auf der Gegenseite oder bei uns kämpfen, in oder nach diesem Kriege unterliegen. **Stalin war klug, daß er alle einseitig geschulten und der alten Zeit entstammenden Intellektuellen und Militärführer beseitigte.** Er löste sich damit von all dem **Ballast,** welcher der totalen kommunistischen Weltanschauung entgegenstand. Die bekannten Prozesse in den vergangenen Jahren wurden von uns irrtümlich als Schwäche des Bolschewismus ausgelegt. Heute müssen wir erkennen, daß durch diese Methodik der Bolschewismus sich festigte und die bedingungslose Totalität dadurch erreichte. Die zweite falsche Einschätzung gegenüber der Sowjet Union war das System der Kommissare. Die Kommissare und zwar die Hunderttausende [lies: hunderttausenden], welche im Heer wie in der Rüstungswirtschaft tätig sind, sind die Träger des klaren organisierten Widerstandes. In der letzten Zeit wurden Zehntausende Regimentskommandeure, **welche im Kampf schwach wurden, und oft an Kapitulation dachten, beseitigt** und an deren Stelle Kommissare gesetzt, welche auf Grund ihrer weltanschaulichen Haltung **oft die unmöglichsten Situationen durch ihre Brutalität meisterten.** Trotzdem sind wir Deutsche überlegen. Unser Nachwuchs rekrutiert sich nun ausschließlich aus nationalsozialistisch erzogenen jungen Männern, aber auch im Heer wurden alle nicht nationalsozialistischen Kräfte, also die Reaktionären, langsam ersetzt. Wir sind am besten Wege, ein nationalsozialistisches Volksheer zu errichten. Stalin hat es jedoch auch im Innern leichter. Er besitzt keinen Widerstand der Kirche, mit dem wir immer noch rechnen müssen, **weil unsere Religion gleich ob kathol. oder protestantisch nicht den Kampf als das höchste sieht, sondern die Friedfertigkeit und die christliche Nächstenliebe.** Nicht der ist ein Held, der sich mit einem Topedern [lies: Torpedo?] beladenen Flugzeug auf ein Schlachtschiff stürzt und damit seinem Vaterland am höchsten dient, **sondern heilig ist der, der sich nicht auf eine Frau, sondern auf Glasscherben legt und als Asket dem Leben nutzlos für die Gemeinschaft entsagt.** Stalin hat auch nicht mit der sogenannten besseren Gesellschaft, welche zwar im Ganzen gesehen nichts bedeutet, zu kämpfen. Immerhin macht sie uns Schwierigkeiten, weil sie immer als Besserwisser auftreten [lies: auftritt] und im Meckern und Gerüchtemachen eine besondere Befließenheit [lies: Beflissenheit] zeigt, und weil sie immer wieder betont, **daß die Methoden des Nationalsozialismus verabscheuungswürdig seien,** am Ziel selber getrauen sie sich nichts auszusetzen. Diese Vorteile Stalins in seinem eigenen Land werden wieder ausgeglichen **durch die Güte der Deutschen** [lies: **deutschen**] **Menschen.** Wie man überhaupt feststellen kann, daß heute an der Front im Osten die Zahl der Überläufer sich ständig erhöht und die Güte der Sowjets ganz verschieden ist. Während ein Teil der Regimenter phantastisch und ausgezeichnet kämpft, sind andere Einheiten wieder aus Soldaten zusammengesetzt, welche unausgebildet und müde und schlecht ausgerüstet uns gegenübertreten müssen.

Der vergangene Kampf im Osten hat uns auch gelehrt, daß auf die Dauer nur wir Deutsche dem Kampf der Sowjets widerstehen können, und da haben sich insbesondere die Divisionen der Waffen-SS als die Verlässlichsten, weil weltanschaulich bestgeführteste [lies: bestgeführte] Truppe, erwiesen. Während Rußland vollkommen weltanschaulich durchorganisiert ist und zwar nicht nur die Rote Armee sondern auch die Rüstungswirtschaft, ist es bei unseren Verbündeten leider nicht so. In Italien ist es verschieden. Auf der einen Seite sind die Faschisten, welche keinen Einfluß auf die italienische Wehrmacht besitzen und daher dort nicht auffallen und zur Geltung kommen. Das italienische Heer ist bürgerlich königlich und verspürt man wenig von der faschistischen Revolution. Gut sind die Rumänen, welche besonders unter deutscher Führung ausgezeichnet kämpfen, und im Begriff stehen, eine innere Revolution durchzumachen. Ausgezeichnet und verläßlich kämpfen die Finnen, Kroaten und Slowaken. Am schlechtesten sind die Ungarn. Horthy, mit dem ich längere Aussprachen hatte, **will an die Lösung des Judentums nicht herangehen.** Ungarn ist ein bürgerlicher Staat, der einmal an seiner inneren Struktur scheitern wird. Die soziale Frage dieses Landes ist vollkommen ungeklärt. Obwohl manche ungarische Offiziere tapfer kämpfen, haben die Mannschaften des ungarischen Heeres ruhig und tatenlos zugesehen, wie die Offiziere niedergemetzelt wurden. Ich habe mich daher auch entschlossen, künftighin nur mehr an der vordersten Front mit Deutschen [lies: deutschen] Divisionen zu kämpfen. Es steht eine gewaltige Zahl neuer Divisionen für die Stunde im Osten bereit. Der bisherige Verlauf des Krieges hat klar erwiesen, daß nur das Großdeutsche-Reich imstande ist, Europa vor der Invasion der Bolschewisten zu schützen. **Wir müssen in diesem Kampf zu unserer alten politischen Parole zurückkehren, das ist die vollkommene Lösung der Judenfrage.** Am deutlichsten sehen wir diese Frage in England. Wenn wir heute die englische Presse lesen, dann versteht man nicht, warum die Engländer überhaupt kämpfen. Es geht ja nicht mehr um englische Interessen. Die Engländer verlieren diesen Krieg so und so. Unterliegen die Deutschen, so gewinnen die Amerikaner und die Sowjet-Russen, gewinnen wir Deutsche, so verliert ebenfalls England sein Empire und damit den Krieg. **Die englische Presse schreibt heute nicht um englische Interessen, sondern die jüdische Interessen. Die englische**

Kriegsmacht kämpft nicht um die Weltstellung Großbritanniens, sondern um die Vorherrschaft der jüdischen Macht. Die Juden herrschen in Amerika genau so wie in der Sowjet-Union. Der Staat, der die Juden restlos beseitigt, ist gegen jede Revolution gefeit. In Deutschland gibt es keine Revolution mehr, weil wir mit den Juden restlos aufräumen und in Zukunft kann das Abendland mit seiner reichen Kultur nur mehr von einem Staat geführt werden, und dazu ist Deutschland berufen. Sicher ist, daß die bürgerlichen Staaten fallen, und daß auch einige europäische mit uns verbündete Staaten verschwinden werden. Im Osten hat der Bolschewismus gezeigt, daß man ohne wirkliche Intellektuelle eine gewaltige Industrieleistung vollbringen kann. Bei uns in Deutschland ist jetzt noch die Führung revolutionär, wir haben den alten nationalsozialistischen Schwung. Es könnte einmal wieder eine Generation kommen, die wieder schwächer wird, dann könnten die Asiaten wieder aufstehen, auch wenn sie noch so primitiv an Bildung gehalten werden, und das jetzt Erreichte zerschlagen. Es ist daher erforderlich, daß die Hauptarbeit des Kampfes um das Großdeutsche Reich und gegen den Bolschewismus zu unseren Lebzeiten geleistet wird. Wir müssen alle Aufgaben, die uns vom Schicksal gestellt sind, ordnen und erfüllen. Die Führerschicht des nationalsozialistischen Staates darf keine Bequemlichkeit kennen. Wir hätten einen viel leichteren persönlichen Weg gehen können, jeder von uns wäre auf Grund seiner gezeigten Leistung im Leben irgendetwas geworden und hätte sich schon durch das Leben gebracht. Wir haben jedoch [den] persönlich schwersten Weg des Kampfes gewählt, darum lieben wir diesen Kampf und stehen immer zu ihm. Preussens Könige schufen einmal die Keimzellen zum Großdeutschen Reich. **Wenn man heute Karl dem Großen zum Vorwurf macht, daß er Niedersachsen wegen ihrer Gegnerschaft zur katholischen Kirche zu Tausenden erschlug, so ist das falsch.** Karl der Große wollte ein großes germanisches Reich, und wußte ja nicht, daß die katholische Kirche einmal so ausarten würde.

Ich selbst hatte die Absicht, meine engere Heimat, die Ostmark, heimzuholen ins Reich und zwar im festen Entschlus [lies: Entschluß] mit allen Mitteln. Hätte damals Schuschnigg im Februar 1938 abgelehnt, mit mir eine Vereinbarung zu treffen, **so hätte ich das Schwert gezogen und wäre trotzdem einmarschiert. Vielleicht hätte mich man dann den Ostmarktöter genannt.** Mein Ziel war das Großdeutsche Reich. Es ist daher falsch, wenn jemand gegen unsere Methodik eingestellt ist. Die Methode ist gleichgültig, das Ziel ist das Entscheidende und mein Ziel war und ist das großgermanische Reich von einer Festigkeit, das Zeiten überdauern soll. Es ist daher meine Absicht, um für die Zukunft gefeit zu sein, eine neue Ostmark im Osten Europas als festen Wall zu errichten. So wie einmal die Ostmark an der Donau die Türken, Hunnen und Awaren abgehalten hat in das Reich einzubrechen, so muß einmal die neue Ostmark im Osten ewige Wacht gegen Asien stehen. Schon heute erweist sich der Kampf gegen Rußland als richtig. Der moderne Krieg erfordert ein großes Operationsgebiet. Von Stalingrad sich auf den Donez zurückzuziehen, bedeutet wohl einen Rückmarsch von 700 km. Wenn wir an der Grenze unseres kleinen Deutschland diesen jetzigen Kampf austragen müßten, so wäre es unmöglich von Königsberg oder Breslau einen Rückzug von 700 km durchzuführen. Wir würden unsere Operationsbasis dann am Rhein haben.

Ich war einmal im Grazer Zeughaus und da sagte mit der Museumsführer die Waffen der 14 000 Rüstungen wurden einmal mit viel Geld geschaffen, um die Kultur unseres Volkes zu schützen. Wie richtig war damals dieser Grundsatz. Europa ist nun einmal das Abendland der Welt mit höchster Kultur und Zivilisation. Europa lockt den Osten immer wieder an. Würde der Osten Europa besitzen, er würde damit die Weltherrschaft antreten. Wir müssen daher alle vom Kampfeswillen erfüllt sein. **Das Judentum Europas muß ausgerottet werden. Ist Europa judenfrei, wird es einer langen Friedensperiode entgegengehen. Der Krieg muß daher mit aller Entschiedenheit und Kompromißlosigkeit bis zum Ende durchgeführt werden. So kompromißlos, wie wir einmal im Innern gekämpft haben.** Ich ziehe immer wieder die Parallele mit unserer Kampfzeit. Auch im Jahre 1932 hat man uns eine Kompromißlösung angetragen. Wir wollten einige Ministerposten bekommen und ich selbst sollte Vizekanzler werden. Ich habe damals abgelehnt und heute wissen wir alle, daß es richtig war. Es sind dieselben Gegner und dieselben Mehtoden [lies: Methoden] wie in der Zeit des inneren Kampfes. **Es hat auch schon vor uns Antisemiten gegeben, jedoch wollten sie die Judenfrage nur theoretisch lösen,** so wie heute die bürgerlichen Staaten. Heute ist der Kampf begonnen und muß bis zur Entscheidung kompromißlos geführt werden. Dann aber kommt die Zeit des Friedens und des Aufbaues. Erforderlich ist, daß wir die Entschlossenheit zum Kampf auf Leben und Tod besitzen. Niemals werde ich die Nerven verlieren. Im Jahre 1918 haben wir den Krieg verloren, weil die damals Führenden nicht die Nerven besaßen, die schweren Augenblicke zu überwinden. Ich besitze eiserne Nerven. Ich kann einmal wegen Kleinigkeiten losbrüllen und grob werden, doch meiner guten Nerven kann mich niemand berauben. Ich verteidige mein Volk unerbittlich.

Die antisemitische Bewegung bei den Angelsachsen ist vorhanden. Doch glaube ich nicht, daß sich Männer finden, welche dieser Bewegung zum Durchbruch verhelfen. **Wenn wir die Judenfrage lösen, werden wir das gesündeste Volk und damit der gesündeste Weltteil. Die Welt zu beherrschen, wird dann nicht schwierig sein. Es ist nun einmal eine harte Lehre, das Schlechte und Schädliche auszurotten. Ich (k)ann vor meinem Herrgott jederzeit meine Tätigkeit verantworten.**

Ich habe das getan, was die Natur jederzeit täglich tut. In der Natur gibt es keine Rechtsprobleme, denn die Katze frisst die Maus und die Katze wird vom Hund gejagt und das schlechte Wild wird von einem wilden Tier beseitigt. Die Natur kennt nur die Auslese, warum soll es bei den Menschen anders sein. [Die] Vernunft sagt uns, daß nur der Stärkere lebend bleibt. Wenn wir den Krieg verlieren, dann haben wir in jedem Falle unrecht. Gewinnen wir den Krieg, dann haben wir auf dieser Welt recht, daher tun wir das, was diesem Kriege und damit dem Siege nützt. Dieser Krieg selbst ist im Großen gesehen ein Bewegungsproblem, ein Bewegungsproblem an Menschen und Material. Die Nachschubfrage im Osten, besonders im Raum von Stalingrad war entscheidend für den Rückschlag, genau so wie heute in Tunis, wo wir kaum noch Waffen und Munition über See bringen, ist die Nachschubfrage das brennendste Problem. Ebenso ist für unsere Gegner das Nachschubproblem auf See die entscheidende Frage. Unsere U-Boote, welche durch verschiedene Umstände im Monat April weniger versenkten, laufen nun wieder zu größeren Aktionen aus. Ich möchte an dieser Stelle sagen, daß das kleine Schiff, U-Boot, Schnellboot usw. am Beginn der Entwicklung steht, während die Großkampfschiffe, die Schlachtschiffe am Ende ihrer Entwicklung stehen. Daher wird der U-Bootbau wesentlich vereinfacht und rationalisiert, jetzt mit größter Intensität forciert, wie überhaupt jetzt erst die Massenproduktion an Waffen und Munition anläuft. Das Stahlprogramm ist in Ausarbeitung und wird uns gigantische Menschen an Stahl erzeugen. Es ist vollkommen falsch anzunehmen, daß Amerika oder England die größeren Industriestaaten sind. Schon vor dem Kriege war Deutschland der größte Industriestaat der Welt. Amerika hatte 13 Mill. Industriearbeiter, verteilt auf nur einige wenige Zentren, während Deutschland heute über 26. Mill. Industriearbeiter hat. Dazu kommt, daß nun die gesamte Industrie Europas uns zur Verfügung steht. Wir haben industriell eine ungeheure Tradition schon durch unseren gewaltigen Industrieexport vor dem Kriege, sodaß wir dadurch in der Lage sind, unsere industrielle Fertigung leicht wesentlich zu vergrößern. Wie überhaupt der, der sich immer übt, auch immer am fähigsten sein wird. Nicht der immer rastende und essende Mann, der in Faulheit sein Fett und seine Kräfte ansammelt, ist im Zweikampf der Stärkste, sondern der ewig trainierende Sportler, auch wenn er im körperlichen Umfang schwächer aussieht. Genau so ist der Soldat, der immer kämpft, besser als der ausgeruhte und unerfahrene. Es ist ja nicht der der Gescheiteste, der nie denkt, sondern der, der sich ununterbrochen mit Problemen beschäftigt. Wenn ich heute als Prophet auftrete, so habe ich dazu ein Recht. Ich war einmal, als Sie, meine alten Parteigenossen, im Jahre 1920 und später zu mir gestoßen sind, ein sehr fre(c)her Prophet, denn ich war nichts, hatte nichts und konnte nichts beweisen, und trotzdem habe ich Recht behalten. Wenn ich damals als Mann, der es bei der deutschen Wehrmacht nur bis zum Gefreiten gebracht hat, prophezeite, daß ich das Deutsche Volk einigen und vom wirtschaftlichen Verfall retten werde, so war das sehr kühn. Wenn ich heute prophezeie, wie ich immerhin durch die Tat bewiesen habe, so ist diese Prophezeiung ganz reell untermauert und ich bin der felsenfesten Überzeugung, daß dieser Krieg mit dem größten und gewaltigsten Sieg aller Zeiten für uns enden wird. Allein schon deshalb, weil ich nicht früher aufhöre, bis die anderen zerschlagen sind, Ich höre grundsätzlich immer nach 12,oo Uhr auf und nie 5 Minuten vor 12,oo Uhr. Die Gegner täuschen sich, wenn sie glauben, ich bekomme noch Rückschläge, Nervenzusammenbrüche. Im Augenblick der Gefahr werde ich nur härter und entschlossener.

Der heutige Anlass unserer Zusammenkunft ist der Tod des Stabschef Lutze[35]. Ich bin der Meinung, daß dieses Unglück nicht notwendig war. Ein Nazi setzt sein Leben dann ein, wenn die Gefahr es erfordert, nicht wenn er 10 Minuten schneller in seiner Wohnung sein will, **denn ein lebender Nazi ist wichtiger und für die Gegner gefährlicher als ein Toter** [lies: **toter**]. Wenn ich mir heute bei einem rasenden Autotempo das Genick breche, so würden die Gegner aufheulen und ihre größte Freude haben. Es ist nicht Feigheit, warum ich ein 80 km-Tempo verlange, sondern Vernunft. Wenn das Schicksal des Reiches es erfordert, dann werde ich keine Minute zögern, mein Leben einzusetzen.

Protokoll der Tagung am 7. Oktober 1943

Vortrag des Führers am 7.10.1943 um 16 Uhr im Hauptquartier vor Reichsleiter und Gauleiter.

Immer ist es notwendig, wenn wir zusammenkommen, daß wir einen Blick in die Vergangenheit unserer Geschichte werfen. Wir können daraus lernen, daß jede Epoche und jeder Weltkampf sich verschieden abgespielt hat. Niemals wurde eine Epoche abgeschlossen ohne dem Nachfolge einen Kampf aufzuzwingen, der in Wellenlinien verlief. So. [lies: So,] wie im Leben des Einzelnen, so geht jede Auseinandersetzung in dieser Welt über Tal und Berg. Auch Männer der Vergangenheit, wie Martin Luther, Friedrich der Große oder Richard Wagner, mußten ihren Kampf bis Durchsetzung ihrer Ziele mit viel Leid und Rückschlägen ertragen. Genau so wechselreich und oft hoffnungslos stand im Altertum der Kampf der Griechen gegen die Perser oder der Kampf Roms gegen Karthago. Im Besonderen waren die Anstürme der Hunnen, Awaren und Türken gegen Europa wechselvoll und von tragischen Momenten begleitet. Die Türken standen einmal vor Wien und waren bereits im Begriff diese Stadt zu erobern. Wäre

---

35 Viktor Lutze (1890–1943), Stabschef der SA, bei einem Unfall verunglückt.

Wien damals gefallen und mit Wien die deutsche Ostmark, wäre Europa eine verlagerte Halbinsel Asiens geworden. Jeder Kampf mit einer bestimmten Entwicklung und einem bestimmten Ziel, der eine gefestigte Epoche abschloß, hat sich über Generationen erstreckt und ging über Personen hinaus. Die Vergangenheit muß für uns die Lehre sein, daß unser Reich nicht allein an eine Person gebunden sein darf, sondern alle müssen wir daran arbeiten, daß das Staatsgefüge immer fester und inniger ineinander wächst. Es ist die historische Aufgabe der Nationalsozialistischen Deutschen Arbeiterpartei den Kampfgedanken für das ewige großdeutsche Reich über die Person hinaus zu stärken und zu festigen. Die Willensbildung steht im Vordergrund der NSDAP. Diese Willensbildung muß verbunden sein mit der Beharrlichkeit, die der jeweilige Träger dieser Idee ist. Die Beharrlichkeit zum Ziel allein bringt den Erfolg. Der eigene Kampf der Nationalsozialistischen Deutschen Arbeiterpartei, die keine Chance hatte als sie ihre Arbeit begann, ist der beste Beweis dafür. Die Mission der Nationalsozialistischen Deutschen Arbeiterpartei kann sich nicht allein in materiellen Dingen erschöpfen.

Der materielle Aufbau in Form von Wohnungsbauten, Straßenbauten und sozialpolitischen Neuerungen wäre zu wenig, um davon das Recht abzuleiten, eine neue Epoche in der Geschichte unseres Volkes und Europas einzuleiten. Die Mission der NSDAP erfüllt sich dann erst, wenn dieser Schicksalskampf, der die Entscheidung über unser Volk und Europa|endgültig bringt, siegreich beendet ist. Ein reiner materieller wirtschaftlicher Aufbau ist vergänglich. Ein siegreiches Reich wird Zeiten überragen. Es ist unsere Aufgabe unser deutsches Volk zu stärken im Kampfe für das Leben und den Bestand. Wir Deutsche verkörpern heute praktisch Europa. Es ist unsere Pflicht in dieser Zeit unsere ganze Person in den Dienst des Schicksalkampfes unseres Volkes zu stellen. Es ist für mich eine Ehre diesen Kampf führen zu dürfen und [so?] bin ich dem Schicksal dankbar, daß es mich dazu berufen hat. Es ist aber auch für jeden Parteiführer die größte Ehre in dieser geschichtlich entscheidenden Wende unseres Volkes und Europas aktiv tätig sein zu dürfen. Ich habe im Jahre 1920[36] eine Aufgabe übernommen, die damals hoffnungslos und aussichtslos erschien. Der Krieg kam zum richtigsten und besten Zeitpunkt. Wären wir später, insbesondere gegen den Bolschewismus angetreten, wäre die Zeit zu spät gewesen. Der Bolschewismus erlangte eine Stärke, die heute schon mehr als beachtlich ist. In seiner totalen Konsequenz und rücksichtslosen Ausbeutung seiner Volksmassen wäre er zum Beispiel im Jahre 1945 nicht mehr zu schlagen gewesen.

---

36 1920, Umbenennung der Deutschen Arbeiterpartei (DAP) in Nationalsozialistische Deutsche Arbeiterpartei (NSDAP).

Wir haben in den ersten Jahren des Krieges einen Siegeszug ohne Beispiel durchgemacht. Wir haben

1. ein Gebiet erobert, das uns in die Lage versetzt, den Krieg weit ab von unseren eigentlichen Reichs- und Volksgrenzen zu führen. Wir haben in einem einzigen Siegeszug von 6 Wochen die militärische Kraft Frankreichs zerschlagen, Norwegen, Belgien, Holland, Dänemark, Polen und auch großen Raum im Osten gewonnen. Dieser Raum im Osten macht es uns möglich, den Kampf beweglich zu führen. Wenn wir etwas aufgeben, so geben wir nur russisches Gebiet auf. Wir sind durch die Siege der ersten 2 Jahre in die Lage versetzt, den Kampf nach Zweckmäßigkeitsgründen und nicht nach Prestigegründen zu führen.

2. Wir konnten im Jahre 1939 nicht ermessen, was dieser Krieg alles bringt. Eine Voraussage oder nur ein annäherndes Vorahnen war keinem möglich. Heute kann ich auch über den Beginn des Krieges offen reden.

Der entscheidende Tag war der 24. August 1939. An diesem Tage hielt um 15 Uhr der große Faschistische Rat und der Senat Italiens in Rom eine Sitzung ab. Mussolini beantragte den Eintritt Italiens in den Krieg auf Seite Deutschlands. Der Senat und der König lehnten den italienischen Kriegseintritt ab. Es waren die gleichen Verräter in Italien wie heute.

Durch die Ablehnung des Kriegseintrittes, die bereits 2 Stunden später in London bekannt war, wurde dort in einer Sitzung des englischen Unterhauses der Beistandspakt Englands mit Polen abgeschlossen. England wäre in den Krieg nicht eingetreten und es wäre zu keinem Kampf gekommen wegen unserer polnischen Auseinandersetzung, wenn Italien mit dem Kriegseintritt gedroht hätte. Nach der Ablehnung Italiens fühlte sich England stark und|unterzeichnete den Beistandspakt mit Polen, der andererseits wieder Polen neuen Auftrieb gab, sodaß es trotz des Vermittlungsversuches Mussolinis am 1. September 1939 zum Ausbruch der Kampfhandlungen kam. Wir haben im Jahre 1939 unter ungünstigen Verhältnissen den Krieg begonnen. 150 km von Berlin entfernt lag die Reichsgrenze. Wir haben in den ersten beiden Jahren eine Leistung vollbracht, die ohne Vorbild in der Weltgeschichte ist. Die Tragik lag ausschließlich bei unseren europäischen Verbündeten.

In Europa können nur zwei Völker herrschen. Der Kriegsverlauf zeigt ganz deutlich diese Entwicklung. Entweder Deutschland oder Rußland. Rußland darf über Europa nicht herrschen. Die Hegemonie in Europa kann nur Deutschland haben.

Unser rumänischer Verbündeter ist gut und hält in diesem Kriege sicher durch, ebenso Bulgarien. Die Slowakei ist ein kleines, aber tapferes Volk und geht auf alle Fälle mit uns. Die Finnen treibt ausschließlich die große Angst vor Rußland auf unsere Seite.

Wenn jedoch die Finnen einen für sie guten Friedensschluß mit Rußland erreichen, werden sie sicher Frieden schließen. Für uns tritt dann wohl im (N)orden eine andere Situation ein.

Die Ungarn sind treulos. Ich weiß, daß die Ungarn zur selben Zeit wie Italien uns verriet|auch ausspringen wollten und bereits in England und Amerika verhandelten. Die Ungarn wurden allerdings jetzt ängstlich, als sie das Beispiel Italiens sahen und unser hartes rücksichtsloses Zugreifen erlebten. Den Ungarn traue ich nicht, das sind und bleiben Hunnen. Die Ungarn haben keine andere Sorge als sich für den Krieg (g)e(g)‹en› Rumänien vorzubereiten

Italien selbst war eine Fata Morgana. Eine Person zauberte ein heldisches Volk hervor, das nicht vorhanden war. Es ist richtig, als einer sagte, der Römer Mussolini stellte sich vor ein Volk von Zigeunern. Das Heldentum kann man einem Volke nicht anlernen. Nach dem Verrat brach das italienische Volk zusammen und wurde wertlos. König, Militärs und faschistische Parteien waren samt der Klerisei korrupt und schlecht. Ich wußte dies schon seit Jahren. Italien hat den Krieg während der ganzen Zeit sabotiert. In Afrika, wo es um ihre eigenen Kol(o)nien gingt [lies: ging] genau so wie in Tunis und in Sizilien. Die italienische Flotte, die nie auslief und jeden Befehl Mussolinis verweigerte, sollte der Preis für die Alliierten sein, um mehr bei den Friedensverhandlungen zu erreichen. Der große faschistische Rat, der Mussolini in der entscheidenden Sitzung fallen ließ, war von eitlen Tröpfen und Lumpen durchsetzt. Jeder wollte eine Rolle spielen und sein Geld und seiner Person in den Vordergrund stellen. Das italienische Volk hat nun erfahren, was Kapitulation heißt. Der Verräter wird weder vom Feind noch vom Freund geschätzt. Er ist der allgemeinen Verachtung preisgegeben und (wird) von beiden mit Füßen getreten. Auch die neue italienische Regierung wird Italien nicht retten. Badoglio[37], der sehr schlau den schon beschlossenen Verrat nach dem 25. Juli uns Deutschen gegenüber verdeckte, gab eine Treueerklärung nach der anderen ab. Unsere Diplomaten in Rom glaubten an diese Treueerklärung.

Es war gut so, denn dadurch waren auch die Italiener der Meinung, wir würden ihr verräterisches Spiel nicht erkennen. Badoglio ging so weit, mich durch seinen militärischen Stabschef nach Italien einzuladen, um der Welt durch die Zusammenkunft zu beweisen, daß sich an der Bündnistreue nichts geändert habe. Wir könnten in Erfahrung bringen, daß bei diesem Besuch in Italien ich gefangengenommen werden sollte.

Nach dem Sturz Mussolinis war ein Abgleiten zum Bolschewismus in Italien bemerkbar. Nur dadurch hat der Vatikan wesentlich eingelenkt, da er es mit der Angst zu tun bekam. **Ich wollte bereits vor der Verlautbarung der Kapitulation durch Badoglio**

---

37 Pietro Badoglio (1871–1956), erster Ministerpräsident Italiens nach dem Sturz von Mussolini.

einen Staatsstreich gegen den König mit gleichzeitiger Befreiung des Duce durchführen. Die Absichten wurden leider durchkreuzt. Es gelang nur die bekannte Befreiung Mussolinis. Durch die Verhältnisse in Italien war ich auch gezwungen, aus dem Osten 40 Divisionen abzuziehen. Dadurch ist es auch erklärlich, daß wir im Osten dann die Absetzbewegungen durchführen mußten. Wir haben einige Tage nach der Kapitulation eine Million italienische Soldaten entwaffnet und als Arbeitskräfte ins Reich gebracht. Außerdem haben wir 50.000 englische Kriegsgefangene erwischt und somit wieder einen gleichen Stand mit unseren deutschen Kriegsgefangenen in England hergestellt. Sowohl die 1 Mill. Italiener wie auch die 50.000 englische[n] wurden nach Deutschland als Arbeitskräfte verbracht.

Die Verteidigung wird uns höchstwahrscheinlich südlich Rom gelingen. Es wird wahrscheinlich dort eine neue Front erstehen. Allgemein kann gesagt werden, daß die amerikanischen Soldaten schlecht und kriegsmüde sind; die Engländer sind die gleichen geblieben. Im Süden ist so wie überall die feindliche Luftwaffe weit überlegen. Die neue Regierung wird uns nur verwaltungsmäßig Hilfe leisten, da es uns unmöglich ist, so viele deutsche Beamten nach Italien zu schicken. Die neue italienische Regierung wird dafür sorgen, daß der inneritalienische Krieg soweit er für die Kriegsführung erforderlich ist, aufrecht erhalten wird, insbesondere die Verkehrswege, Straßenbahnen, Telephons usw.

Das militärische Italien ist erledigt, ebenso wie das italienische Volk.

Durch das verräterische Übergehen italienischer Truppen und die Auslieferung italienischer Waffen an die serbischen Verbündeten, wurden letztere sehr gestärkt.

Der Bandenführer Dito, der ein sehr geschickter Bursche ist, führt einen regelrechten Krieg am Balkan gegen uns. Er besitzt jetzt in vollem Ausmaß Waffen und Munition der kapitulierten Italiener. Dito hat nur die Waffen angenommen, nicht aber die Italiener. **Diese haben sich unseren Truppen ergeben und [so?] ist es selbstverständlich, daß sie sofort erschossen wurden.**

Die Front im Osten, die längs des Dn(j)epr bis Melitopol verläuft, muß gehalten werden. Durch Neuaufstellungen wir-d [lies: wird] dies auch gelingen.

Die Verluste im September waren für uns trotz härtester Schläge, die wir gegen die Bolschewisten austeilten, gering. Vom 5. Juli bis Ende September waren unsere Verluste an Toten und Verwundeten ca. 500.000. Die Verluste der Russen im selben Zeitraum waren mindestens 2 1/2 Millionen. Gegenwärtig ist eine Atempause eingetreten, da unsere Panzerabwehr und unsere schweren Panzer doch zur Wirkung kommen.

Hat uns früher der Schlamm bei unserem Vormarsch schwere Behinderungen auferlegt und oft um den Erfolg gebracht, fehlt im heurigen Jahr der Schlamm bisher vollkommen an der Ostfront. Die Frage, die immer wieder aufgetaucht ist, wie soll der Krieg weitergehen. Die militärische Lage ergibt, daß wir uns nach einer Seite u.zw. Nach Osten einen unbegrenzten Nachschub haben. Je kürzer der Nachschub, desto besser unsere militärische Lage und unsere militärische Kraft. Ich bin überzeugt, daß die Entscheidungen in der Nähe unserer Ausgangsstellungen fallen werden, allerdings weit ab von unseren Reichsgrenzen. Der Nachschub der anderen wird dadurch immer länger. Die Nachschubschwierigkeiten auf der anderen Seite sind gewl‹\›atig groß.

Das geräumte Gebiet im Osten wurde von uns mit einer noch die dagewesenen Gründlichkeit zerstört. Es blieb buchstäblich kein Stein auf dem andern. Die verkürzte Frontlinie kommt uns sehr zu gute, da wir durch den verringerten Nachschub die Partisanengefahr im Osten etwas eingedämmt haben und die Divisionen dadurch tiefer staffeln konnten.

Unser U-Bootkrieg, der am Beginn des Jahres den Gegnern schwer zu schaffen machte und sie fast am [lies: an den] Rande des Abgrunds brachte, mußte leider zeitweise ganz eingestellt werden. Jetzt fahren unsere U-Boote wieder hinaus, doch die schwierigste Frage ist die Geleitzüge zu finden. Im kommenden Jahr sind wir auch über diese Schwierigkeiten hinweg und U-Boote mit neuen Waffen werden die bisher aufgezogene Abwehr der Anglo-Amerikaner zunichte machen. Der Luftkrieg trifft uns am schwersten. Die Produktion von Jägern ist großzügig in Angriff genommen und die Abwehr wird Tag und Nacht verstärkt. Trotz der Verstärkung der Tag- und Nachtjäger werden Bomberverbände neu geschaffen und in kürzester Zeit werden wieder die Bomberstaffeln über England fliegen. Auch die Vergeltung wird eines Tages kommen. Ich kann nur mitteilen, daß gegen diese Vergeltung keine Abwehr gefunden werden kann. Sie wird gründlich vorbereitet und in ausgiebigstem Maße hergestellt.

Ich bin überzeugt, **daß bei Beginn der Vergeltung die (E)ngländer das Weltgewissen anrufen werden. Es wird sich dann beweisen, ob das englische Volk auch die Zähigkeit und den Mut aufbringt, diesen alles zerstörenden Krieg weiter durchzustehen. Die Vergeltung selbst wird allerdings noch einige Zeit auf sich warten lassen.**

Um jeden Preis muß die Autorität des Reiches aufrecht erhalten bleiben. **Jeder Def{...}audismus [lies: Defaitismus] muß rücksichtslos zerschlagen werden. Wer sich gegen das Reich und gegen den Schicksalskampf stellt, verliert den Kopf.** Die Führung des Reiches muß alle Brücken nach rückwärts abbrechen. Es darf auch nichts den kleinsten Hilfssteg oder Ausweg nach Rückwärts [sic!] geben. **Es muß ohne Rücksicht gekämpft werden.**

Nicht nur die Führung, sondern auch das ganze deutsche Volk muß wissen, daß es in diesem Kampfe kein Zurück mehr gibt. Niemand darf in diesem Kriege zur Seite schielen.

Ich beauftrage jeden, wenn es sein muß bis zur letzten Konsequenz alle Härte anzuwenden. Sie ist besser als (M)ilde. Der weitere Verlauf des Kriegs wird uns (m)anches Schwere noch zum Ertragen geben. Es ist vergänglich und tausendmal leichter zu ertragen, als eine Niederlage und damit ein Leiden des deutschen Volkes ohne Ende. Es ist ein politischer Kampf und des muß{t} de(m) deutschen Volke gesagt werden, warum wir kämpfen.

Unsere Gegner sind sich nicht einig. Sie kämpfen für verschiedenen Ziele. Sie haben größte Schwierigkeiten in ihrem eigenen Lande. Der Mangel an Menschen und Hunger macht sich in Rußland bemerkbar. Kriegsmüdigkeit, Schiffsraummangel, Nahrungsmangel und Streiksgefahr besteht in England. Kriegsmüdigkeit ist in Amerika deutlich erkennbar. Wir müssen die Geduld aufbringen, die Zeit arbeiten zu lassen. Die verschiedene Zielsetzung der Gegner macht sie uneinig. Wir müssen beharrlich sein. Es geht um die Vergangenheit unseres Volkes und um die Zukunft von Generationen. **Wer diesen Krieg gewinnt, beherrscht Europa.** Kriegsentscheidend im diesem Kampfe ist der Mensch. Ihn zum Träger dieses Kampfes zu machen, ist Aufgabe der Partei.

Allein die Ausdauer und Beharrlichkeit wird diesen Krieg entscheiden.

Ich danke den Parteiführern für ihre Arbeit. Für uns ist es die größte Ehre vor der Geschichte und vor der Nation diesen unausbleiblichen Entscheidungskampf um den Bestand Europas und des Abendlandes zu führen. Der Krieg wird von den Männern entschieden, die in eiserner Konsequenz ohne persönliche Opfer scheuend den Kampf durchstehen.

Protokoll der Tagung vom 6. und 7. Oktober 1943

Gauleiter-Tagung am 6. und 7. Oktober 1943 in Posen und Hauptquartier

Reichsleiter Bormann[38] eröffnete die Tagung.

Vom Reichsminister für Rüstungs- und Kriegsproduktion[39] sprachen die einzelnen

---

38 Martin Bormann (1900–1945), Reichsminister und Sekretär Adolf Hitlers.
39 Vermutlich ist die Rede von Albert Speer (1905 – 1981), Architekt und Reichsminister für Bewaffnung und Munition.

Sachverständigen.

R o l l a n d für die Panzer-, Flak-, Pak- und Artillerie-Produktion[40].

Die am Beginn des Jahres in Aussicht genommene Steigerung der Produktion dieser wichtigsten Fertigungen wurde nicht erreicht.

Es sind dreierlei Gründe hierfür maßgebend:

a) Es fehlten 150.000 Arbeitskräfte für die Produktion dieser Schwerpunkte selbst und 60.000 davon für die Förderung von Kohle.

b) Die Förderung der Kohle geht ununterbrochen zurück und damit ist auch eine Erhöhung der Roheisen[-] und Stahlproduktion nicht möglich.

c) Die Wirkung feindlicher Luftangriffe hat durch totale oder teilweise Zerstörung und Abwanderung der Menschen, hauptsächlich aus dem Ruhrgebiet, produktionshemmend gewirkt.

Die Panzerproduktion wurde auf 600% im heurigen Jahr veranschlagt und nun auf 390% gesenkt. Ebenso bei Flak, Pak und Artillerie, hauptsächlich Feldhaubitzen.

Der größte Engpaß auf diesem Gebiet ist die Arbeitskraft.

Dann sprach S c h l i c k e r über die deutsche Eisenerzeugung.

Er ging von der Tatsache aus, daß im Ruhrgebiet 40% des Siemens-Martinstahls und 50% des Elektrostahls der gesamten Produktion des Reiches erzeugt wird. Ein Aufgeben des Ruhrgebiets ist daher nicht möglich.

Es muß mit allen zur Verfügung stehenden Mitteln gesorgt werden, daß die Produktion im Ruhrgebiet trotz schwerster Angriffe und Zerstörungen vieler Zusatzbetriebe aufrechterhalten wird. Eine Steigerung der Stahlproduktion ist kaum möglich, denn mit der Steigerung der geplanten Munitionsfertigung wird ein Viertel der gesamten Stahlproduktion allein für die Munition verwendet.

Die neuen Versuche, auch mit Siemens-Martinstahl Panzerplatten herzustellen, können als gelungen angesehen werden.

Schlicker wiederholte die Tatsache, daß die fehlenden Arbeitskräfte im wesentlichen schuld sind, daß eine Steigerung der Eisen- und Stahlproduktion nicht in dem geplanten Ausmaß erfolgen können. Die Folge ist nun, daß eine wesentliche Einsparung aller Eisenkontingente erfolgt. Insbesonders wird sich diese im zivilen Sektor aller Konsum-

---

40 Flak = Flugabwehrkanone; Pak = Panzerabwehrkanone; im Kampf gegen
    Flugzeuge bzw. Panzer eingesetzt.

güter auswirken.

Weiters sprach noch Direktor F r y d a g[41] über die Beschaffungslage im Flugzeugbau.

Im Flugzeugbau sind 600.000 Arbeitskräfte beschäftigt. Der Flugzeugbau gliedert sich auf den Zellenbau, den Motorenbau und die Montage. Ein Flugzeug, wie der Bomber »JU 88« besteht aus 60. bis 70.000 Einzelteilen und benötigt 87.0000 Arbeitsstunden bis zur Fertigung.

Ein einmotoriger Jäger braucht 24.000 Arbeitsstunden.

Die Lage auf dem Flugzeugbau hat sich sehr verschlechtert, da{ß} einzelne Versuche schiefgegangen sind. Insbesonders die Herstellung der Bomber hat den deutschen Flugzeugbau durch mindestens 2 Jahre aufgehalten.

Nun erfolgt eine Konzentration im Flugzeugbau. Es wird nur mehr ein Bomber entwickelt u.zw. »Ju 88« und in der Weiterentwicklung 188, 288 und 388. Als Fernbomber kommt Heinkel 177, als Tagesjäger Messerschnitt 109, 209 und Focke-Wulff 190, als Nachtjäger Heinkel 219, dessen Produktion jetzt erst beginnt. Es werden noch in kleinerem Ausmaß Aufklärer, Zerstörer und Großaufklärungsflugzeuge für den Atlantik gebaut. ⟨D⟩er größte Engpaß ist die Tag- und Nachtjagd.

Die gesamte Betriebsstillegung und Auskämmung und die damit verbundene Umsetzung deutscher Arbeitskräfte darf nur, das ist seine Forderung, für die Flugzeugbetriebe erfolgen, die zur Erhöhung der Jägerproduktion beitragen. Die Abwehr feindlicher Luftangriffe ist eine für den Krieg entscheidende Aufgabe. Die gesamte weitere Produktionserhaltung oder Vergrößerung hängt ausschließlich davon ab, ob es gelingt‹,› die feindlichen Angriffe abzuwehren und die Flugzeuge zu zerstören. Er bittet daher alles zu tun, um allen Zusatz- und Hauptbetrieben der Tag- und Nachtjägerfertigung die notwendige Hilfe insbesonders Arbeitskräfte zu geben.

M e r k e r sprach über das Flottenbauprogramm des Jahres 1943/44.

Im bisherigen Verlauf des Seekrieges, der für uns Deutsche nur offensiv geführt werden kann, wurde die Tatsache festgestellt, daß wir der englischen und amerikanischen Seemacht nichts gleichwertiges entgegenstellen können. Ein Kampf über Wasser ist aussichtslos. Unser Offensivkampf kann daher nur mit Kleinbooten und Unterwasserstreitkräften im Verein mit der Luftwaffe geführt werden. Es ist daher der Bau von Zerstörern, U- und S-Booten vorgesehen. Die Fertigung dieser Kleinboote wird nun rationellst aufgenommen. Die bisherigen Methoden im Schiffsbau müssen geändert werden. Die zu bauenden Schiffe werden in gleichmäßige Einzelteile zerlegt und diese

---

41 Karl Frydag (1893–1980), Generaldirektor des Heinkel-Konzerns.

serienmäßig erzeugt. Der Zusammenbau erfolgt dann auf einzelnen Werften. Der See-krieg kann von unserer Seite nur gegen die Handelsschiffahrt der Gegner geführt wer-den. Die technischen Neuerungen der Engländer mit ihren Funkmeßgeräten und (P)eilgeräten haben zeitweise unseren U-Booteinsatz unmöglich gemacht, ebenso den Einsatz an Schnellboten. Wir haben in der letzten Zeit mehr Schnell- und U-Boote ver-loren, als wir gebaut haben.

Ein neues U-Boot ist in Entwicklung und wird technisch ältere Einrichtungen aufwei-sen, die die bisherige Abwehr der Gegner ausschaltet. Das erste neue U-Boot ist in Bau und wird anfangs 1944 fertig. Da die Zeit drängt, muß das Risiko getragen wer-den ohne vorherige Ausprobung sofort mit diesem U-Boot in Serie beginnen, sodaß Mitte 1944 schnellere, größere und leistungsfähigere U-Boote mit neuen Waffen und Geräten in größerer Anzahl zur Verfügung stehen, gegen die es keine Abwehr gibt. Ebenso wird die Produktion der Schnellboote um das 8-fache gesteigert. Das Flotten-bauprogramm erfordert keine größere Zahl von Arbeitskräften; es werden im Gegenteil Arbeitskräfte frei, jedoch die bisherigen Schiffsbaumethoden radikal auf allen Werften geändert. Daß dies gegen den Widerstand aller Werften erfolgt, ist selbstverständlich. Die Mithilfe wird dringend dabei notwendig sein. Die Kriegsmarine hat Reichsminister Speer die gesamte Produktion übergeben, sodaß Speer ab nun nicht nur für das Heer und die Waffen-ᛋᛋ, sondern auch für die Kriegsmarine verantwortlich baut und produ-ziert.

S e d l m a y e r sprach über die amerikanische Rüstungsproduktion.

Nach Erläuterungen über die Industriekapazität der Vereinigten Staaten von (N)ordamerika schilderte der Redner, der erst Ende 1942 aus Amerika zurückkam, daß die maschinelle Produktion aller Werkzeugmaschinen vom Jahre 1941 auf das doppel-te in Volumen gestiegen ist. Seit dem Jahre 1941 wurden z.B. 51 Flugzeugfabriken und 380 Zusatzbetriebe für Flugzeugproduktion erbaut. Die amerikanische Stahlpro-duktion beträgt heute 60,000.000 Tonnen im Jahr und ist somit größer wie die übrige Stahlproduktion der gesamten Welt zusammen. Die in den Rüstungsbetrieben be-schäftigten Arbeiter erhöhten sich von 11, auf 16,000.000 Mann. Während im Jahre 1939 3.000 Flugzeuge erzeugt wurden, stieg die Produktion im Jahre 1943 nach bis-herigen Feststellungen auf ca. 9,000.000 Bruttoregistertonnen[42] Schiffsraum. Die Spit-ze der Leistungsfähigkeit der amerikanischen Rüstungsindustrie ist jedoch erreicht. Ein weiteres Ansteigen ist aus den verschiedensten Gründen – Rohstoffe- [lies: Roh-stoff-] und Arbeitskräftemangel und aus Transportfragen heraus – nicht möglich.

42 Bruttoregistertonne: Raummaß für die Größe von Handelsschiffen; 1 BRT ≈ 2,83 Kubikmeter.

Bei der Mentalität der Amerikaner kann heute schon festgestellt werden, daß das Rüstungstempo auf die Dauer nicht eingehalten werden kann. Es kann als sicher angenommen werden, daß im Jahre 1944 die Produktionszahlen der amerikanischen Rüstung wesentlich absinken. Dies ist heute schon festzustellen u.zw. durch die sozialen Unruhen und die Rassengegensätze, die in sozialpolitischer Beziehung in den Vereing⟨⟩iten Staaten vorherrschen. Besonders die unterschiedliche Rassenfrage und die Streike in den einzelnen Betrieben geben hierzu einen klaren Fingerzeig. Obwohl die amerikanischen Betriebe rein kapitalistisch aufgebaut sind, werden vorbildlicherweise die Erfahrungen zwischen den einzelnen Rüstungsbetrieben ausgetauscht und erstreckt sich dieser Austausch auch auf alle Erfindungen, Material und Menschen. Da den Amerikanern wohl manches gegeben ist, jedoch Beharrlichkeit keineswegs zu seinen [lies: ihren] Eigenschaften gehört, ist ein Nachlassen der Kriegsanstrengungen in kürzester Zeit zu erwarten. Der Amerikaner ist gewöhnt schnelle Erfolge zu erringen, er ist jedoch ebensoschnell [sic!] zu Stelle eine Aufgabe aufzugeben, wenn sich kein Erfolg einstellt.

Reichsminister S p e e r sprach nun zusammenfassend über seine Aufgaben.

Die beabsichtigten Steigerungen in der gesamten Rüstungswirtschaft sind nicht voll eingetreten, da die Luftangriffe doch gewisse Einbußen hervorgerufen haben. Trotz alldem ist zu sagen, daß die Arbeiter, Angestellten, wie auch die Techniker und Betriebsführer gerade in den luftgefährdenden Gebieten hervorragendes geleistet haben. Besonders Krupp in Essen gibt hier ein glänzendes und leuchtendes Beispiel. Trotzdem der Betrieb zweimal sehr schwer und einigemale [sic!] schwer beschädigt wurde, wurde durch tatkräftiges Zupacken erreicht, daß der Betrieb heute wieder mit 80% seiner früheren Kapazität in der Rüstungswirtschaft arbeitet.

Speer erklärte, daß die Partei und besonders die Deutsche Arbeitsfront tatkräftigst mithelfen die Leistungsschwierigkeiten zu überwinden.

Eine Aufgabe, die Speer besonders der Partei ans Herz legte, ist die besondere Betreuung der Wissenschaftler und Techniker. **Die Männer, die täglich sich abmühen Erfindungen und Verbesserungen unserer Kriegswirtschaft herbeizuführen, verdienen mehr als bisher die Betreuung durch die Partei.**

Im besonderen wies Speer auf die Unterstützung in der Nachwuchsfrage hin. Der Nachwuchs an Technikern und Wissenschaftlern ist sehr gering geworden. Es konnten in der letzten Zeit einige Verbesserungen unserer Rüstung vorgenommen werden, die uns weitaus in dieser Sparte an die Spitze stellten. Insbesonders wurden die Panzer wesentlich verbessert und sind heute die deutschen Panzer die besten überhaupt.

Ebenso wurde die Pak hervorragend entwickelt, sodaß jeder russische und amerikanische Panzer leicht und sicher auf weiteste Entfernung u.zw. Bis zu 3.000 m abgeschossen werden kann. Um nun die gesamte Anstrengung in der Rüstungswirtschaft zu vervollkommnen, sind folgende Produktionszweige als wichtig und entscheidend erklärt worden:

a) Kohle,

b) Eisen,

c) Zulieferungsindustrie,

d) Energie.

Um die Produktion auf diesen Gebieten steigern zu können, ist die Zuführung von Fachkräften in die Rüstungsindustrie notwendig. Im Verein mit der Deutschen Arbeitsfront muß erreicht werden, daß die Arbeitsleistung der Deutschen sich verbessert. Drei Quellen sind es, die immer wieder zum Absinken der Leistung beitragen:

a) die Bummelei in den Betrieben,

b) die Fluktuation, d.i. das immerwährende Wechseln, entweder in den Betrieben selbst auf verschiedene Arbeitsplätze oder von einen [lies: einem] Betrieb zum andern.

c) ein nicht vertretbar hoher Krankenstand.

In der nächsten Zeit wird eine Aktion in den Betrieben gegen die bekannten Bummler vorgenommen. **Es werden alle bekannten Dauerbummler, die sich mit allen möglichen Ausreden immer wieder von der Arbeit drücken, verhaftet und in Arbeitslager, in schwereren Fällen in ein Konzentrationslager eingewiesen werden.**

Das betriebliche (V)orsch(lag)swesen hat ausgezeichnete Ergebnisse gezeigt. Es wurden in vielen Fällen von den Arbeitern Vorschläge gemacht, die nicht nur Material, sondern auch Arbeitskräfte und Zeit in größerem Ausmaß sparen. Dieses betriebliche Vorschlagswesen soll nach Möglichkeit gefördert werden. Bei Betriebsbesichtigungen soll sich jeder die Vorschläge im Betrieb, die besonders geeignet sind der Produktionserhöhung zu dienen, vorlegen lassen. Es kam auch vor, daß Arbeiter, die besonders gute Vorschläge brachten und dabei große Ersparungen in den Betrieben gemacht werden konnten, sehr wenig für ihre Vorschläge erhielten. Eine (f)allweise Überprüfung wäre notwendig, um besonders guten Arbeitern eine höhere Summe für ohne Vorschläge zu geben. Auch die Prüfkommissionen über den richtigen Einsatz im Betrieb zeigen gute Ergebnisse.

Der Maßnahme, deutsche Facharbeiter und überhaupt deutsche Arbeitskräfte den Rüstungsbetrieben zuzuführen, insbesondere jenen, die eine größere Anzahl ausländischer Arbeitskräfte haben, dient die Stillegungsaktion der Mittel- und Kleinbetriebe.

Hier wurde festgestellt, daß die bisherigen Stillegungen nicht den gewünschten Erfolg hatten und besonders Klein- und Kleinstbetriebe in Gegenden geschlossen wurden, in denen die freigewordenen Arbeitskräfte nicht umsetzbar waren, weil keine Rüstungsbetriebe in der Nähe waren.

Hingegen blieben größere Mittelbetriebe aufrecht, nur deshalb, weil sie angeblich rationeller arbeiten als die Klein- und Kleinstbetriebe.

Nun wird der umgekehrte Weg gegangen. In Gegenden, in denen keine Rüstungsbetriebe mit größerem Bedarf vorhanden sind, muß nun die Verlegung der Zivil- oder auch der Rüstungsfertigung als Zusatzbetriebe verlagert und versucht werden, auch die technisch schlechten Betriebe in der Kapazität auszunutzen, um dafür größere Mittelbetriebe zu sperren. Größere Mittelbetriebe haben meist gute deutsche Arbeitskräfte und erzeugen Waren, die heute nicht mehr benötigt werden bzw. dessen Erzeugung sich mit dem totalen Kriegseinsatz nicht vereinbaren lassen. Das Ziel der Schließungsaktion ist im Besonderen die **Schließung aller Großbetriebe der Zivilfertigung.** Dafür können geschlossene Kleinbetriebe zur Verlagerung herangezogen und was noch wichtiger ist, die Zivilfertigung in die besetzten Länder verlegt werden. Verhandlungen mit den Franzosen haben ergeben, daß die sich sehr dafür annehmen, wenn die Zivilfertigung in ihrem Lande erhöht wird. Dies gilt besonders für Textil und Hausgeräte aller Art. Die Verlegung in die besetzten Länder wird in größerem Umfange vorgenommen. **Trotz des bisher erklärten totalen Krieges wurden im großdeutschen Reich Artikel erzeugt, deren Produktion heute weder kriegswichtig noch notwendig ist.**

z.B wurde im Jahre 1942 produziert:

> 120.000 Schreibmaschinen,
> 13.000 Abziehapparate[43],
> 3.600 Kühlschränke,
> 12,(0)00 Adreßmaschinen,
> Hunderttausende von Zählern für Gas[-], Wasser[-] und Lichtverbrauch

Die Produktion all der vorgenannten Produkte wurde eingestellt. Für Gas, Wasser und Licht darf in Zukunft nur mehr ein Pauschallbetrag [lies: Pauschalbetrag] eingehoben werden.

Allein durch die Stillegung dieser Betriebe wurden 40.000 Facharbeiter, meist ausgezeichnete Mechaniker, für Luftwaffengeräte, U-Bootgeräte funktechnischer und (f)unkmeßtechnischer Art gewonnen.

Besonders die Wehrmacht hat friedensmäßig geplant und auch gelebt. Die

---

43 Abziehapparat: Vorrichtung zum Schärfen von Klingen.

Wehrmachtsdienststellen aller Heeresteile haben Bestellungen durchgeführt und als kriegswichtig bezeichnet, die ahnen lassen, daß von diesen Dienststellen vom totalen Krieg nichts zu spüren war und für sie dieser einfach nicht bestand. Es wurden Millionen Armbanduhren für die Wehrmacht erzeugt, in einer Ausführung, die im tiefsten Frieden nicht besser sein konnte. Die Produktion wurde eingestellt. Allein im Jahre 1942 wurden erzeugt

510.000 Reitstiefel für Offiziere,

359 Dienstledertaschen für Wehrmachtshelferinnen[44],

über 600.000 Offiziersdolche,

Von über 12,000.000 kg Büroartikel[n] bezog die Wehrmacht aller Teile allein 11.1 Millionen, während für die Zivilverwaltung nur 900.000 kg übrig blieben. Die Wehrmacht bestellte weiter im Jahre 1942 6.2 Millionen Stempel und Stempelkissen. Weiters wurden 12.000 to Tapeten und 4.000 to Haarpomade erzeugt.

Arbeitsmäßig ‹er›gibt sich bei strenger Anlegung immer noch folgendes Bild. In der tatsächlichen Fertigung für Waffen, Munition und Kriegsgerät, das direkt dem Einsatz bzw. dem Kampfe dient, sind 5.2 Millionen Arbeiter im Reich beschäftigt, während in der reinen Zivilfertigung, also in der nicht kriegswichtigen und zum Kampfe dienenden Produktion 6,000.000 Arbeitskräfte noch tätig sind. Die Drosselung aus dem zivilen Sektor wird daher in noch größerem Ausmaß vorgenommen und [es] werden 1.8 Millionen Arbeitskräfte in die Rüstungsindustrie umgesetzt. Reichsminister Speer führte in Bezug auf die totale Kriegsanstrengung in der zivilen Wirtschaft aus, daß die Fachorganisationen bei der zivilen Wirtschaft samt den Reichsstellen und Wirtschaftsgruppen bisher in der unverantwortlichsten Weise verhinderten, der Rüstungsindustrie dienlich zu sein. Er bezeichnete die Wirtschaftsverbände und Fachgruppen als Lügner, denen er kein Wort glaube. Er hat angeordnet, daß die einzelnen Wirtschaftsgruppen und ihre Betriebe durch Männer der Rüstungsindustrie nunmehr kontrolliert werden und Einsprüche der Wirtschaftsgruppen und Organisationen in Zukunft kein Gehör mehr finden. Ebenso konnte festgestellt werden, daß größere Arbeitsreserven auch deshalb in der zivilen Wirtschaft sind, weil die Arbeitszeit in der Zivilfertigung bei vielen Betrieben noch nicht 48 Stunden beträgt. Es liegen daher in solchen Betrieben größere Arbeitsreserven, wenn die Arbeitszeit auf 56 bzw. 60 Stunden erhöht wird. Um aufzuzeigen wie gründlich nun die Umsetzung in d(i)e Rüstungsindustrie erfolgt, wird be(k)anntgegeben, welche Betriebe und Erzeugungen bereits geschlossen oder vor der totalen Schließung stehen.

---

44 Wehrmachtshelferinnen: Mädchen und junge Frauen, die für die Wehrmacht u.a. Aufgaben als Sekretärinnen und Pflegerinnen übernommen haben.

Eine Anzahl von Waggon- und Lokomotivfabriken der Reichsbahn, 2 Betriebe für Flak-geschütze und die Erzeugung von Sicherheitsschlössern wird stillgelegt. Ebenso die Erzeugung aller Fotoapparate und des Zubehörs. Alle nicht unmittelbar der Kriegsfüh-rung dienenden optischen Geräte werden nicht mehr erzeugt. Alle Filmapparate und Vorführungsapparate[45] werden eingestellt. Schallplatten werden nicht mehr erzeugt, ebenso Telephongeräte. Textilbetriebe werden im Reich in größerem Ausmaß ge-schlossen. Die Produktion sämtlicher Rundfunkgeräte wird eingestellt. Ebenso die Er-zeugung der Holerithmaschinen[46]. Auch Zigarettenfabriken werden gesperrt. Dies [ist] nur eine kleine Auswahl der zu sperrenden Betriebe.

Weiters wird die schon einmal angekündigte, jedoch von den Wirtschaftsgruppen und Wirtschaftsorganisationen verhinderte Fertigung aller Zivilgüter nun in Angriff genom-men. Dies wird sich besonders bei allen Papierwaren, Haushaltsgeräten und Beklei-dungsstücken zeigen. Es kommt zum Beispiel für die Männer ein einheitlicher Anzug in einer Farbe und einem Schnitt. Auch der Export wird überprüft. Er war bisher vollkom-men falsch gelenkt. Im eigenen Lande konnte man verschiedene [Anzüge?] nicht mehr kaufen, im Ausland waren die besten deutschen Erzeugnisse noch erhältlich. Mit ver-schiedenen Ländern haben wir Exportabkommen und wurden dieselben Gegenstän-de, die wir ausführten, von dem Lande als italienische Erzeugnisse wieder eingeführt. Auch die Exportindustrie wird sehr eingeschränkt. **Die Heimat erwartet, daß der tota-le Krieg nun Wirklichkeit wird!**

Generalfeldmarschall M i l c h[47].

Milch sprach über die Luftlage.

Am Beginn des Krieges hatte Deutschland 4.200 (k)ampfeinsatzfähige Flugzeuge. Heute haben wir 6.500 Maschinen im Einsatz. Am Anfang des Krieges war Deutsch-land an Zahl und Qualität allen Gegnern, die damals gegen uns standen, weit überle-gen. Durch Konstruktionen und Entwicklungen, die sich nachträglich als nicht gut her-ausstellten, verloren wir über 2 Jahre. Während dieser Zeit ha(b)en uns die Engländer und Amerikaner im Flugzeugbau überholt. Die Entwicklung eines Flugzeuges braucht

---

45 Vorführungsapparat: Vorrichtung, durch die Bilder an eine Wand projiziert werden.
46 Holerithmaschine: von dem US-amerikanischen Ingenieur Herman Hollerith (1860–1929) erfundene Vorrichtung zur Datenerhebung. Die Nationalsozialisten verwendeten die Holerithmaschinen, um personenbezogene Daten von KZ-Häftlingen zu erfassen; vgl. Black (2002).
47 Erhard Milch (1892–1972), Generalfeldmarschall und Staatssekretär des Reichsluftfahrtministeriums.

2 1/2 – 3 Jahre bis es in Serie kommt. Diese zwei Jahre, die die Amerikaner und Engländer ausgenutzt haben, haben wir verloren.

Ein besonderer Aderlaß war für uns der Feldzug gegen Afrika. Sowohl die italienischen wie auch die afrikanischen Flugplätze waren sehr klein. Es war daher den Engländern ein Leichtes unsere Flugplätze, die voll von abgestellten Maschinen waren, zu finden und bei Angriffen auch große Teile unseres Flugzeugpa[r]kes zu zerstören. Der afrikanische Feldzug kostete uns im Besonderen sehr viele Jäger. die [lies: Die] amerikanisch-englische Produktion lief in Ruhe an und legte sich hauptsächlich auf schwere Bomber und leichte Jagdflugzeuge fest. Trotzdem kann festgestellt werden, daß die Verluste der Engländer und Amerikaner mindestens doppelt so hoch sind, als im Wehrmachtsbericht angegeben wird, da erfahrungsgemäß u.zw. nach unseren Erfahrungen im Einsatz gegen England ein Teil der Flugzeuge wohl noch fliegend, doch angeschossen, entweder den Heimathafen nicht erreichen und vor der Landung abstürzen, oder bei der Landung zu Bruch gehen. Es genügt ein kleiner Splitter im Fahrgestell und das Flugzeug kann die Landung nicht mehr ordnungsgemäß durchführen. Nach Gefangenenaussagen der englisch-amerikanischen Flugzeugbesatzungen kann übereinstimmend festgestellt werden, daß die Moral unserer Gegner nicht die beste ist.

Nach unseren Nachrichten ist die Zahl der Feindproduktion an Flugzeugen folgende:

Amerika	7.600 Flugzeuge im Monat	
England	2.500	" " "
Rußland	2.500	" " "
Kanada	500	" " "

Die Feinde erzeugen somit 13.100 Flugzeuge monatlich. Amerika erzeugt davon 1.575 Bomber im Monat. Von den gesamten. Von den gesamten 13.100 Flugzeugen sind ca. 9.000 Frontflugzeuge.

Wir erzeugen monatlich 2.400 Flugzeuge und die Japaner 1.000 monatl. Unsere Produktion hat in der letzten Zeit auch durch Feindeinwirkungen gelitten. Sie wird konzentriert auf die Abwehr, das ist insbesonders auf Tag- und Nachtjäger und den Bau von Zerstörern mit Raketenbomben. Außerdem wird eine Anzahl von schweren Bombern erzeugt, um in kürzester Zeit nun mit Vergeltungsschlägen gegen England antworten zu können. Der Führer verlangt die sofortige Aufstellung von Bombengeschwadern zum Kampf gegen England. **Trotz unserer heute als klein anzusehenden Luftwaffe wurden im Verlauf des Krieges 61.000 Feindmaschinen sicher abgeschossen, 6 Millionen Bruttoregistertonnen Schiffsraum versenkt und 351 Kriegsschiffe ver-**

nichtet. Die Opfer der Luftwaffe sind 85.000 Tote, 33.000 Vermißte oder Gefangene; davon sind 30.000 Mann fliegendes Personal verloren gegangen. Es wurden von der Luftwaffe insgesamt 35 Millionen Bomben geworfen. Wenn auf der Feindseite die Masse steht, so steht bei uns die bessere Qualität an Flugzeugen und der bessere Flieger und Kämpfer.

Großadmiral D ö n i t z [48].

Großadmiral Dönitz trug den Verlauf der Letzten Geleitzugschlacht von 20.–23. September 1943 vor, in dem bekanntlich 12 Zerstörer und einige Handelsschiffe versenkt wurden. Er schilderte die Schwierigkeiten des U-Bootkrieges, der in einem ungeheure(|n|) [lies: ungeheuer] weiten Raum ohne nötige Aufklärung vorgenommen werden muß. Das Schwierigste für die U-Boote ist das Finden des Geleitzuges. Das kleine U-Boot hat nur eine sehr beschränkte (|S|)icht, die dann noch mehr eingeengt wird, wenn schlechtes Wetter oder gar Nebel am Wasser ist. Der U-Bootkampf, der unsere stärkste und offensivste Waffe am Meer darstellt und insbesonders gegen die Engländer und Amerikaner tödlich wirken kann, hat beim Gegner die größte Beachtung gefunden. Er versucht alles um dieser Waffe der Deutschen zu begegnen, [lies: begegnen.] Tatsächlich gelang es den [E]ngländern und Amerikanern im Frühjahr dieses Jahres Peil- und Funkmeßgeräte auf Flugzeugen und Kriegsschiffen einzubauen, die die U-Boote finden konnten ohne sie zu sehen. Dagegen war nun das U-Boot vollkommen machtlos, da es selbst nicht wußte, ob es vom Feind gesucht oder gefunden wurde. Die Verluste der U-Boote stiegen so stark an, daß Dönitz im Juli ds.J. Befahl, alle U-Boote zurückzuziehen.

Der Einsatz der feindlichen Überwachung über See ist der stärkste den man sich überhaupt vorstellen kann. Der Atlantik in Quadrate eingeteilt, wird mindestens alle 3 Stunden von einem Flugzeug kontrolliert.

Die U-Boote haben nun ihre Abwehrwaffen insbesonders gegen Flugzeuge und Angriffswaffen in neuester Art gegen verfolgende Zerstörer. Mußte bisher das U-Boot vor jedem Zerstörer tauchen, so kann das U-Boot jetzt über Wasser bleiben und den Angriff gegen einen Zerstörer ohne weiteres durchführen. Die U-Bootwaffe bemüht sich mit den vorhandenen U-Booten der jetzigen Bauart den Kampf weiterzuführen, allerdings unter größten Erschwernissen. Ebenso wird der Kampf der Schnellboote in der nächsten Zeit wieder aufgenommen. Neue U-Boote, größer, schneller und mit allen modernen Abwehrmitteln ausgerüstet sind in Bau. Gegen diese U-Boote versagt jede Waffe, die derzeit die Engländer und Amerikaner besitzen. Mit dem neuen U-Boottyp

---

48 Karl Dönitz (1891–1980), Marineoffizier und Großadmiral.

wird es möglich sein, die Schlacht auf den Meeren wieder in vollem Umfang aufzunehmen.

S c h e p p m a n n [49]. Der Stabschef der SA sprach über die Aufgaben der SA als Gliederung der NSDAP und wehrhafter Teil. An Zahlen nannte der Stabschef: 1,900.000 Wehrabzeichen wurden ausgegeben.

42.000 SA-Männer wurden in diesem Kriege Offiziere. 88.000 SA-Männer blieben vor dem Feind. 111.000 Verwundete.

Reichsführer-ᛋᛋ und Reichsinnenminister Heinrich H i m m l e r .

Der Reichsführer schilderte den Partisanen- und Bandenkampf im Osten und am Balkan und legte das Problem der Slaven dar. Die Banden und Partisanen bekämpfen ist ausschließlich Angelegenheit der Polizei und keine politische Frage.

Im Besonderen wurde das Problem des General[s] Lassow[50] behandelt, der bekanntlich im Osten landeseigene Verbände aufstellte. Der Reichsminister lehnte Lassow ab.

Über die Spionage und Sabotage im Reichsgebiet selbst und in den besetzten Gebieten erklärte der Reichsführer, daß dies Aufgabe des Sicherheitsdienstes und der Staatspolizei sei und hier bereits die größten Erfolge erreicht werden konnten.

Weiters legte der Reichsführer **das Verhältnis und den Zweck der Konzentrationslager** dar. **Die KZ sind besonders im Kriege eine segensreiche Einführung. Allein die Beseitigung aller Verbrecher trug wesentlich zur Beruhigung innerhalb der Bevölkerung bei. Insbesonders in der Zeit der Verdunkelung in den Großstädten hätte das Verbrechertum große Chancen.**

Auch die Judenfrage wurde behandelt. Das Judenproblem ist in Großdeutschland gelöst und wird bis Ende des Jahres in allen besetzten Gebieten ebenfalls gelöst sein. Der Reichsführer hat es auf sich genommen‹,› die Frage endgültig zu klären und die Juden zu beseitigen. Es war insbesondere schwer auch die jüdischen Frauen und Kinder auszurotten. Sowohl das Getto in Warschau, als auch die Gettos in Lublin und Litzmannstadt sowie Krakau sind leer. Es war nicht immer leicht die Liquidierung der Juden durchzustehen, da es bis in die höchsten Stellen der Partei, des Staates und der Wehrmacht Menschen gab, die für Juden intervenierten. Doch wenn wir im Inneren des Reiches Ruhe haben wollen und ebenso in den besetzten Gebieten, so mußte die Judenfrage einer

---

49 Wilhelm Schepmann (1894–1970), letzter Stabschef der SA.
50 Andrei Wlassow (1901–1946), sowjetischer Generalleutnant, der 1942 in deutsche Kriegsgefangenschaft geraten war und seitdem auf deutscher Seite kämpfte.

klaren Lösung durchgeführt werden. Es ist heute als sicher anzunehmen, daß diese klare Lösung mit dazu beiträgt, die Wiederstandskraft [lies: Widerstandskraft] des deutschen Volkes zu stärken. Denn durch die Beseitigung der Juden ist auch das hetzerische Element aus unserem Volke vertrieben worden.

Weiters sprach der Reichsführer über den Def(ai)dismus [lies: Defaitismus]. Es ist notwendig, Daß [sic!] Def(ai)disten [lies: Defaitisten] und Kriegsgegner hart angepackt werden. Ebenso ist es notwendig, die unsauberen Elemente und Lumpen (h)ärter als bisher anzugreifen, auch dann wenn sie in der Partei stehen oder irgendwelche Ämter bekleiden. Die Sauberkeit der eigenen Reihen ist für die innere Haltung unseres Volkes mit eine entscheidende Frage. Er tritt dafür ein, daß Vergehen und Verbrechen von Parteiführern in Zukunft streng bestraft werden und eine Veröffentlichung der Täter erfolgt.

Als Reichsinnenminister tritt er für eine klare Reichsautorität ein. Die Hebung der Reichsfreudigkeit ist sein wesentliches Ziel. Reichsbeamte müssen erstens auswechselbar sein, zweitens mindestens die Hälfte der Reichsbeamten in einem Gau müssen aus anderen Teilen des Reiches stammen und drittens die klare Verantwortung jeder einzelnen Dienststelle muß festgelegt werden. Der Reichsführer tritt dafür ein, daß die Reichsgaue – und nur solche wird es in Zukunft geben – mehr Verantwortung als bisher erhalten und die gesamte Verwaltung in eigener Regie lenken. Durch die klare Verantwortung alle(r) Dienststellen muß auch ermöglicht werden, daß jeder, der im Namen einer Dienststelle unterzeichnet, dafür auch die Verantwortung trägt. Unter jedem Schriftstück muß der verantwortliche Referent stehen. Es darf in der Verwaltung keine Anonymität geben. Es ist unmöglich, daß jemand im Namen des Reichsministers des Innern zeichnet, ohne daß man nachher feststellen kann, wer der Verantwortliche dafür ist. Eine weitere Aufgabe der Reichsverwaltung wird es sein, ‹nur› die besten Männer als Beamte in Zukunft zu gewinnen und für einen geeigneten Nachwuchs zu sorgen. Wenn wir aber die besten Männer als Beamte haben wollen, müssen sie ehrenvoll behandelt werden. Das allgemeine Geschimpfe über den Beamten, besonders über den Verwaltungsbeamten muß aufhören. Wir brauchen in der Verwaltung nur geeignete Leute und daher Könner und keine Lakaien. Besonders die letzteren sind durch ihr ewiges »Jawohl« und ohne eine Meinung vertreten zu wollen, meist innere Gegner des Nationalsozialismus.

Eine weitere klare Entscheidung gab der Reichsführer dahin bekannt, daß er keine Verwandten im selben Amte duldet.

Der Landrat als die wichtigste Einrichtung in der unteren Verwaltungsinstanz wird in Zukunft mindestens alle 10 Jahre seinen Posten wechseln, denn nur dann ist die Gewähr gegeben, daß er über den Dingen bleibt und den Reichsgedanken vertritt. Es ist unmöglich, daß der Landrat Vorstand und Präsident aller kleinen Vereine im Landkreis ist und damit die Objektivität verliert. Die Beamten müssen öfters wechseln, besonders der Nachwuchs wird zuerst im Osten und in den Grenzgebieten des Reiches tätig sein und dann erst später sich auf seinen endgültigen Posten niederlassen.

Eine weitere vornehmliche Aufgabe des Reichsführer wird es sein, die deutsche Selbstverwaltung zu verstärken.

Im Besonderen die Selbstverwaltung der Gemeinden, der Städte, des Landkreises und der Reichsgaue. Hier wird in Zukunft den initiativ arbeitenden Selbstverwaltungskörperschaften von reichswegen wehr geholfen, denn durch die Vielgestaltigkeit der Aufgaben ist es zweckmäßig für die einzelnen Selbstverwaltungskörperschaften auch selbst an der Verbesserung ihrer Einrichtungen mitzuwirken.

Über die Waffen-SS gab der Reichsführer bekannt, daß derzeit 17 Divisionen und 7 Korps aufgestellt sind.

In der Waffen-SS sind folgende nicht Reichsdeutsche:

      130.000 Volksdeutsche,

      30.000 germanische Freiwillige,

      30.000 Esten und Letten,

      20.000 Bosniaken und

      25.000 Galizien-Uk(r)rainer

Insgesamt hat die Waffen-SS 450.000 Mann.

Im Besonderen erwähnte der Reichsführer die Freiwilligen aus Siebenvürgen [lies: Siebenbürgen].

Schließung der Tagung durch Reichsleiter (B)ormann.

Das Urteil gegen August Eigruber

August Eigruber wurde am 28. Mai 1947 aufgrund von dem folgenden Beschluss der US-amerikanischen Besatzungsmacht hingerichtet. Es bleibt die Aufgabe der kommenden Geschichtswissenschaft, den Grad der Verlässlichkeit der darin enthaltenen Ausführungen zu beurteilen[51].

AUGUST EIGRUBER

Staatsangehörigkeit: Österreich

Alter: 38

Verbindung zu Mauthausen:

a) Zeitraum: 1938–5. Mai 1945

b) Status: Obergruppenführer ehrenhalber (GenLt.) in der SS und SA

c) Position: Gauleiter von Oberösterreich ab Juni 1938; Reichsstadthalter; im Jahr 1942 unterstand ihm das Ernährungsamt des Gaues, 1943 das Arbeitsamt des Gaues; 1943 wurde er Reichsverteidigungskommissar des Gaues.

Beweise: Ein Zeuge hat ausgesagt, dass auf Befehl dieses Angeklagten im Herbst 1944 die Rationen für kranke Häftlinge gekürzt worden sein sollen (R 169, 172), und dass er den Angeklagten zum Lagerkommandanten über einige wieder eingefangene Russen sagen hörte: »Diese Schweine müssen alle fertiggemacht werden« (R 208, 211-2). Ein anderer Zeuge sagte aus, dass er ihn drei- oder viermal im Lager gesehen habe, dass er ihn durch das Krematorium, den Bunker und die Blocks habe gehen sehen, dass er bei dieser Gelegenheit Zivilkleidung getragen habe und dass er im Herbst 1944 dort gewesen sei, als 40 Österreicher eintrafen, von denen alle bis auf einen später hingerichtet wurden (R 356-7, 387-8). Ein dritter Zeuge hörte, wie er im Herbst 1943 zu einer Gruppe neu eingetroffener Häftlinge sprach und ihnen mitteilte, dass sie zu Tode geprügelt würden, wenn sie nicht bei der Arbeit sterben würden. Er trug zu dieser Zeit eine Uniform (R 482-4, 502). Ein anderer Zeuge sagte aus, dass Mauthausen als Gauleiter von Oberdonau unter seiner Kontrolle und Gerichtsbarkeit stand; er habe ihn bei 12 bis 16 Gelegenheiten in Mauthausen gesehen, einmal am 7. September 1914, als die Österreicher ins Lager gebracht wurden, und einmal im Januar 1945 in der Nacht der Ankunft von etwa 20 oder 22 Anglo-Amerikanern (sic!), die, wie man im Lager sagte, später liquidiert wurden (R 532). Derselbe Zeuge sah im April 1945 einen Befehl, von dem er sagte, dass es sich um die Abschrift einer telefonischen oder telegrafischen Nachricht handelte, die im Namen des Angeklagten, aber nicht von ihm

---

51 Deputy Judge Advocate for War Crimes: United States vs. Hand Altfuldisch et al. (Case No. 000.50.5), 30. April 1947, S. 28–31.

selbst unterzeichnet war und aufgrund derer mehrere österreichische Häftlinge getötet wurde (R 533, 564-5, 578). Ein fünfter Zeuge, der zu einer Gruppe Österreicher gehörte, die im September 1944 in Mauthausen eingetroffen waren, sagte aus, dass er der einzige Überlebende der Gruppe war, von denen einige Ende April durch Vergasung getötet worden waren. Einige Tage nach ihrer Ankunft im Lager habe sich der Angeklagte an sie gewandt, sie beschimpft und ihnen eine harte Behandlung zugesichert. Der Zeuge sagte aus, er habe sowohl vor als auch nach der Vergasung gehört, dass dieser Angeklagte den Befehl gegeben habe (R 580, 584, 589, 592, 596). Ein anderer Zeuge hat den Angeklagten Anfang 1942 im Graben[52] von Wien gesehen. Er gab einem Juden einen 50 bis 70 Kilogramm schweren Stein zu tragen und ließ diesen wenig später durch einen 80 Kilogramm schweren Stein ersetzen. Gerüchten zufolge soll er zu einem Einsatzleiter gesagt haben, er wolle »keinen von dieser Bande mehr sehen« (R 745). Er trug eine Art Uniform und schlug ein paar Juden (R 750-1). Ein siebter Zeuge sagte aus, dass dieser Angeklagte Mauthausen besucht habe und bei einer Gelegenheit, Ende 1942 oder Anfang 1943, einen Hinrichtungs-Klappstuhl besichtigt habe, auf dem vier Tschechen zu seiner Demonstration hingerichtet wurden, wobei der Angeklagte selbst auf das »Auslösepedal« gedrückt habe, um einen Mann hinzurichten (R 777-8, 840-2). Dieser Zeuge sagte auch aus, dass dem Angeklagten aus dem Vorratsspeicher des Lagers Lebensmittelkisten geliefert wurden (R 779, 802-3). Zwei weitere Zeugen sagten aus, dass der Angeklagte in der Nacht des 5. April 1945 anwesend war, als zwei Amerikaner, ein Engländer und neun weitere Personen durch Genickschüsse hingerichtet wurden (R 1196, 1215-7). Einer dieser Zeugen sagte aus, dass der Angeklagte unmittelbar vor der Hinrichtung des anderen ein Todesurteil im Namen von Himmler gesprochen habe (R 1216).

Der Angeklagte wurde in den Aussagen mehrerer Mitangeklagter genannt. Z.B. gab Nr. 1 an, dass der Lagerkommandant seit Februar 1945 unter der direkten Aufsicht des Angeklagten gestanden habe, sodass der Angeklagte vor dieser Zeit wahrscheinlich aufgrund seines hohen SS-Ranges großen Einfluss gehabt habe (R 1309-10; Nr. 1 trat nicht in den Zeugenstand); Nr. 20 behauptete in seiner Aussage, er wisse persönlich, dass der Angeklagte »mehrere Tötungen inspiziert und Häftlinge zu den Tötungen geführt« habe (R 1366; bestritten von Nr. 20 im Zeugenstand, R 3068-9); Nr. 45 erwähnte die Erschießung von etwa zwölf Personen, darunter zwei Engländer, fünf Polen, ein Belgier und ein Russe, durch den Angeklagten und den Lagerkommandanten um 4 Uhr morgens im April 1045, während sich beide in einem Rauschzustand befanden (R 1322, Nr. 45 trat nicht in den Zeugenstand); Nr. 54 erklärte, dass dieser Angeklagte persönlich die Erschießung von neun Tschechen im Frühjahr 1943 geleitet

---

52 Straße in der Wiener Altstadt.

habe (R 1380; Nr. 54 trat nicht in den Zeugenstand).

In seiner eigenen Aussage gab der Angeklagte an, dass er im Juni 1938 Gauleiter von Oberösterreich geworden sei; dass er 1943 Reichsabwehrkommissar dieses Bezirkes geworden sei; dass seiner Aufsicht ab 1942 das Bezirksernährungsamt und ab 1943 das Bezirksarbeitsamt unterstanden; dass Verwaltungs-, Gesundheits- und Arbeitsfragen betreffend Mauthausen häufige Besprechungen notwendig machten; dass er in der Nacht vom März zum April 1945 an der Erschießung von zehn Häftlingen teilnahm; dass die ihm unterstellten Sicherheitsorganisationen des Bezirks an der Erschießung von Häftlingen in Mauthausen beteiligt waren. Der Angeklagte hat ausgesagt, dass wegen der Belange von Verwaltung, Gesundheit und Industrie, die Mauthausen betrafen, häufige Besprechungen mit dem Lagerkommandanten notwendig gewesen seien; dass er in einer Nacht im März oder April 1945 an der Erschießung von zehn Häftlingen teilgenommen habe; dass die ihm unterstellten Bezirkssicherheitsorgane an der Suche nach den Ende 1944 oder Anfang 1945 geflohenen Russen beteiligt gewesen seien; und dass er 1939 oder 1940 die Liegenschaft seines Gaues, das Schloss Ilartheim, an das Reich zur Verwendung für ein Euthanasieprogramm verpachtet habe (H 1301-3).

Der Angeklagte trat zu seiner eigenen Verteidigung in den Zeugenstand und sagte aus, dass er keine Kontrolle über die Rationen für das Lager hatte, die vom Reichsernährungsminister für das gesamte Volk festgelegt wurden (R 2210-7). Er gab zu, Mauthausen zwischen 1942 und 1915 zehn- bis fünfzehnmal besucht zu haben, allerdings nur geschäftlich im Zusammenhang mit der Bereitstellung von Dienstleistungen wie Wasser, Strom usw. (R 2206). Bei diesen Reisen trug er stets Zivilkleidung (P 2228). Mehr als die Hälfte der Außenlager lagen außerhalb seines Gaues (R 2215). Er bestritt, jemals eine Gruppe im Lager angesprochen zu haben (R 2228-9). Er leugnete, jemals irgendeine Autorität über den Graben von Wien ausgeübt zu haben und behauptete, er sei nur zweimal zwischen 1942 und 1945 dort gewesen, einmal bei einem Besuch mit Himmler und einmal mit Speer (R 2223-4). Er leugnete, jemals den Hinrichtungs-Klappstuhl gesehen zu haben (R 2223). Er leugnete auch, jemals Häftlingsrationen erhalten zu haben und erklärte, dass er mit den Rationskarten seiner eigenen Familie auskam (R 2224). Er sagte, dass seine offiziellen Positionen als Gauleiter, Reichsstadthalter und Verteidigungskommissar (R 2214-15, 2242) ihm keine Zuständigkeit für Mauthausen oder seine Außenlager gaben.

Der Angeklagte gab zu, dass er auf Einladung des Lagerkommandanten einer Hinrichtung beiwohnte (R 2224, 2226-7, 2267-9). Er gab zu, das Schloss Ilartheim als Gaueigentum an die nationale Regierung verpachtet zu haben (R 2243-3). Er habe nie mit einem der Mitangeklagten über die inneren Angelegenheiten des Lagers gesprochen oder ihnen diesbezügliche Befehle erteilt (R 2228). Er habe auch nie eine Hinrichtung verlangt (R 2229). In einer Notsituation habe er er einmal Pferdefleisch für das Lager besorgt (R 2233). Über Epidemien im Lager habe er sich nur wegen der möglichen Auswirkungen auf die Zivilbevölkerung informiert (R 2235, 2247-8). Das Lager sei 1938 ohne sein Zutun errichtet worden (R 2242). Er habe einen monatlichen Ernährungsbericht erhalten (R 2245. 2263). Er räumte die Zuständigkeit für das Lager Mauthausen für den Fall ein, dass dort eine Epidemie die Zivilbevölkerung bedroht (R 2256). Er gab zu, Obergruppenführer in der SS und SA gewesen zu sein (R 2244, 2258).

Die Angeklagten Nr. 52, 38, 42 und 9 bestritten, jemals Befehle von diesem Angeklagten erhalten zu haben (R 1652, 2426, 2503, 2691). Der Angeklagte Nr. 59 sagte, dass dieser Angeklagte in keiner Weise für die Verwaltung des Lagers verantwortlich war (R 1584-5); dass er immer versuchte, die Ernährungssituation zu verbessern (R 1585); und dass er sicherlich keine Notwendigkeit hatte, Lebensmittel aus dem Lagerhaus zu nehmen (R 1629). Angeklagter Nr. 61 gab an, dass dieser Angeklagte nicht in der Befehlskette von Mauthausen war (R 1526); dass er nie einen schriftlichen Befehl des Angeklagten bezüglich des Lagers gesehen hat (R 1526-7); und dass keine Berichte an ihn geschickt wurden (R 1527).

Urteil: Tod durch Erhängen.

Einsprüche: Ein Gnadengesuch wurde von seiner Frau Johanna Eigruber am 10. Juli 1946 eingereicht.

Empfehlung: Annahme der Feststellungen und des Urteils.

Nationalsozialismus, Liberalismus und Christenfeindlichkeit

Ab dem Jahr 1939 ließ Stalin mehrere hundert hochrangige Offiziere, darunter den Marschall Michail Tuchatschewski, wegen angeblichen reaktionären oder trotzkistischen Verschwörungen hinrichten. Die »Reaktion« war im Kommunismus ebenso wie im Nationalsozialismus verfemt[53]. Wie die Kommunisten sangen: »Die Republik ist ein schöner Palast / doch sie steht auf einem dicken Morast / von Dummheit und *Reaktion*«[54], so sangen die Schlägertrupps der SA: »Kam'raden, die Rotfront und *Reaktion* erschossen, / marschier'n im Geist in unser'n Reihen mit«[55].

Vor diesem Hintergrund sind folgende Sätze aus der Hitlerrede vom 7. Mai 1943 zu interpretieren: »Stalin war klug, daß er alle einseitig geschulten und der alten Zeit entstammenden Intellektuellen und Militärführer beseitigte. Er löste sich damit von all dem Ballast, welcher der totalen kommunistischen Weltanschauung entgegenstand«[56]. Ferner: »[A]uch im Heer wurden alle nicht nationalsozialistischen Kräfte, also die Reaktionären, langsam ersetzt. Wir sind am besten Wege, ein nationalsozialistisches Volksheer zu errichten. Stalin hat es jedoch auch im Innern leichter«[57]. Da Hitler nicht nur antireaktionär war, sondern vor allem auch antikommunistisch, ist für derlei positive Zuschreibungen (Stalin ist »klug«; seine Kommissare »meisterten« die »unmöglichsten Situationen durch ihre Brutalität«[58]; seine Gegner sind »Ballast«; die Jungkommunisten »kämpfen und sterben vorbildlich«[59]) eine Erklärung notwendig.

---

53 Die Reaktion ist der weltanschaulich-politische Standpunkt oder eine diesen Standpunkt vertretende Bewegung, die sich gegen die Aufklärungsphilosophie und die Französische Revolution wendet. Zu ihren zentralen Forderungen gehören das Bekenntnis zu einer absoluten Wahrheit statt zu den durchsetzungsfähigsten Meinungen, die Gerichtsbarkeit als Instrument der Ethik statt des reinen Vertragsrechtes sowie die Herrschaftslegitimation durch Gottesgnadentum statt durch den allgemeinen Willen. Außerdem verwendete die nationalsozialistische und die kommunistische Propaganda den Begriff »Reaktion« im weiteren Sinne für den traditionstreuen Konservativismus.
54 »Roter Wedding« von Ernst Busch.
55 »Horst-Wessel-Lied«.
56 Hier, S. 25.
57 Ebd.
58 Ebd.
59 Ebd. S. 22.

Zunächst sei betont, das Hitlers Verständnis von Recht und Unrecht *relativistisch* war. Im Gegensatz zur traditionellen Ethik, die das »Recht einer absoluten Wahrheit« annimmt, galt für Hitler stets das »Recht des Stärkeren«. So erklärte er: »[Die] Vernunft sagt uns, daß nur der Stärkere lebend bleibt. Wenn wir den Krieg verlieren, dann haben wir in jedem Falle unrecht. Gewinnen wir den Krieg, dann haben wir auf dieser Welt recht, daher tun wir das, was diesem Kriege und damit dem Siege nützt«[60]. Hitlers Verständnis von Recht und Unrecht, welches das Prinzip vom Recht des Stärkeren mit dem Prinzip der angenommenen Nützlichkeit verknüpft, lässt sich also auf einen – in seiner Brutalität ausgearteten – *relativistischen Utilitarismus* herunterbrechen.

Für die Allgemeinheit ist es zwar kontraintuitiv, diejenigen Prinzipien dem Nationalsozialismus zuzuschreiben, die auch dem klassischen Liberalismus eigentümlich sind, wie den Utilitarismus, den Relativismus und den Rechtspositivismus. Doch theoretische wie propagandistische Äußerungen der Nationalsozialisten offenbaren ein totalitaristisch angewandtes Schlussfolgern aus ebendieser Philosophie. Den spezifisch relativistischen Rechtsbegriff erläuterte der NS-Jurist Hansjoachim Lemme: »Es gibt kein Recht, dass in den Sternen hängt, kein Recht, das dem einzelnen gleichmäßig eingeboren ist, also kein in diesem Sinne übervölkisches Recht. Es gibt nur einen Grundsatz, der allerdings für alle Menschen gleich ist und das ist der, daß er seiner Art gemäß leben soll«[61]. Nicht weniger deutlich erklärte Alfred Rosenberg: »Recht und Unrecht gehen nicht umher und sagen: das sind wir. Recht ist das, was arische Männer für Recht befinden«[62]. Und Benito Mussolini behauptete: »Aus dem Umstand, daß alle Ideologien einander wert, nämlich alle miteinander bloße Fiktionen sind, schließt der moderne Relativist, daß jedermann das Recht hat, sich seine eigene zu machen und ihr mit aller Energie, zu der er nur fähig ist, Geltung zu verschaffen«[63].

Zu dem umstrittenen Stellen des für die liberale Philosophie grundlegenden *Contrat social* von Jean-Jacques Rousseau gehört der Satz: »[Die Kraft des Gesellschaftsvertrages] besteht darin, daß jeder, der dem allgemeinen Willen

---

60 Ebd., S. 29.
61 Lemme, Hansjürgen: Spekulatives oder lebensgesetzliches Staatsrecht?, in: Jugend und Recht, 1937, S. 49. Zitiert nach: Fraenkel (2019), S. 162.
62 Rosenberg, Alfred: Der Mythos des 20. Jahrhunderts, München 1933, S. 571 f. Zitiert nach: Fraenkel (2019), S. 161.
63 Mussolini, Benito: Relativismo e fascismo, in: Diuturna, Mailand 1924, S. 374 f., zitiert nach: Horkheimer 6(1937), S. 33.

den Gehorsam verweigert, von dem ganzen Körper dazu gezwungen werden soll; das hat keine andere Bedeutung, als daß man ihn zwingen werde, frei zu sein«[64]. Diese Aussage, die einen Volkskörper voraussetzt, der das Individuum zunichtemacht, und die Hitlers Kronjurist Carl Schmitt dahingehend begrüßte, dass »Rousseau am Anfang der modernen Demokratie steht«[65], ist nach dem Standpunkt des »reaktionären« Philosophen Hildebrand Troll »die Selbstauflösung der Rousseauschen Lehre und eine der Wurzeln totalitärer Systeme«[66].

Mit der nationalsozialistischen Ablehnung der reaktionären Weltanschauung geht also die Unterstützung des kollektiven Egoismus und des Rechts des Stärkeren einher. Das bezeugt auch Hitlers Prinzip der Zweckheiligung: »Die Methode ist gleichgültig, das Ziel ist das Entscheidende und mein Ziel war und ist das großgermanische Reich von einer Festigkeit, das Zeiten überdauern soll«[67]. Ferner: »Wir müssen auch in der Heimat zu härteren Methoden kommen und gegen jeden, der diesen Kampf auf Leben und Tod schwächt, vorgehen«[68].

Außerdem steht mit der Ablehnung eines absoluten Rechtes der Standesstolz des Adels im Gegensatz zu Hitlers totalitär-relativistischem Rechtsverständnis: Die Kriegsmüdigkeit ging nach Hitler »nur von der sogenannten *besseren Gesellschaft* aus, die immer wieder beweist, daß sie nicht an Volksgemeinschaft denkt, sondern nur an ihr vergangenes gut bürgerliches Leben«[69]. Er urteilte, dass »früher nur *Aristokraten* Jagden besaßen und diese sich gegen die Bevölkerung nicht gut benommen haben«[70]. Und nach dem versuchten Attentat vom 20. Juli 1944, an dem sich zu einem überproportionalen Anteil der Adel beteiligt hatte, erklärte Hitler: »Es ist mein tiefer Glaube, daß meine Feinde die ‚*von*'s' sind, die sich Aristokraten nennen«[71].

Eng verwoben mit dieser Haltung ist Hitlers Christenfeindlichkeit. Er erklärte: »[Stalin] besitzt keinen Widerstand der Kirche, mit dem wir immer noch rechnen müssen, weil unsere Religion gleich ob kathol. oder protestantisch nicht den Kampf als das höchste sieht, sondern die Friedfertigkeit

---

64 Rousseau (o.J.), S. 50.
65 Schmitt (1991), S. 19.
66 Troll (1989), S. 15.
67 Hier, S. 27.
68 Ebd., S. 17.
69 Ebd.
70 Ebd., S. 24
71 Walterskirchen (2000), S. 213.

und die christliche Nächstenliebe«[72]. Karl der Große habe ein »großes germanisches Reich« bezweckt, als er »Niedersachsen wegen ihrer Gegnerschaft zur katholischen Kirche zu Tausenden erschlug«, doch er »wußte ja nicht, daß die katholische Kirche einmal so ausarten würde«[73]. Goebbels paraphrasierte die Äußerung zum Widerstand der Kirche folgendermaßen: »Stalin hat uns gegenüber [...] den Vorteil, keine Gesellschaftsopposition mehr zu besitzen. Auch die hat der Bolschewismus durch Liquidationen in den vergangenen 25 Jahren beseitigt. [...] Die kirchliche Opposition, die auch uns außerordentlich viel zu schaffen macht, ist ja im Bolschewismus nicht mehr vorhanden.«[74].

Hitler hatte den Plan, das Christentum zu beseitigen und drohte nach den Eigruber-Protokollen, »daß der Zeitpunkt kommen wird, wo auch mit der Kirche restlos abgerechnet werden muß. Allerdings ist dies nicht jetzt, sondern zu einer Zeit, die der Führer für richtig hält; er selbst wird den Auftakt dazu geben«[75]. Goebbels schrieb hierzu in sein Tagebuch: »Unerbittlich ist im Verlauf des Winters der Entschluss des Führers geworden, die christlichen Kirchen nach dem Sieg zu vernichten«[76]. Und der Theorie folgte eine traurige Praxis. Allein im KZ Dachau starben 1034 von insgesamt 2720 internierten Priestern.

---

72 Hier, S. 25
73 Ebd., S. 27.
74 Goebbels (1993–1996), Bd. 8, S. 234
75 Hier, S. 18.
76 Goebbels (1993–1996), Bd. 4, S. 360.

Dank

Mein herzlicher Dank gilt Prof. Wolfram Pyta und Dr. Thomas Schlemmer für die fachlichen Hinweise. Außerdem danke ich meiner großartigen Familie für die vielseitige Unterstützung.

Bibliografie

Archivalien

Deputy Judge Advocate for War Crimes: United States vs. Hand Altfuldisch et al. (Case No. 000.50.5), 30. April 1947.

Eigruber, August: Vorträge des Führers vor den Reichs- und Gauleitern, Oberösterreichisches Landesarchiv Linz, Politische Akten, Schachtel 49 I.

Quellen und Literatur

Black, Edwin: IBM und der Holocaust. Die Verstrickung des Weltkonzerns in die Verbrechen der Nazis, München 2002.

Fraenkel, Ernst: Der Doppelstaat, Hamburg 2019.

Goebbels, Joseph: Die Tagebücher von Joseph Goebbels, Teil II. Diktate, 15 Bde., hg. von Elke Fröhlich, München 1993–1996.

Himmler, Heinrich: Rede vor den Reichs- und Gauleitern in Posen am 6.10.1943, in: Smith Bradley/Peterson Agnes (Hg.): Heinrich Himmler. Geheimreden 1933 bis 1945 und andere Ansprachen, Frankfurt am Main 1974, S. 162–183.

Hitler, Adolf: Mein Kampf. Eine kritische Edition, 2 Bde., hg. von Christian Hartmann et al., München/Berlin 2021.

Horkheimer, Max: Der neueste Angriff auf die Metaphysik, in: Zeitschrift für Sozialforschung 6(1937), S. 4–53.

Krebs, Stefan/Tschacher, Werner: Speer und Er. Und Wir? Deutsche Geschichte in gebrochener Erinnerung, in: Geschichte in Wissenschaft und Unterricht, Heft 3, 58 (2007), S. 163–173.

Longerich, Peter: Der ungeschriebene Befehl. Hitler und der Weg zur »Endlösung«, München 2001.

Morell, Theodor: Die geheimen Tagebücher des Dr. Morell, Leibarzt Adolf Hitlers, hg. von David Irving, München 1983.

Pyta, Wolfram: Hitler. Der Künstler als Politiker und Feldherr. Eine Herrschaftsanalyse, München 2015.

Rousseau, Jean-Jacques: Der Gesellschaftsvertrag oder Die Grundsätze des Staatsrechtes, Leipzig o.J.

Schmitt, Carl: Die geistesgeschichtliche Lage des heutigen Parlamentarismus, Berlin 1991.

Sekretariat des Internationalen Militärgerichtshofs: Der Prozeß gegen die

Hauptkriegsverbrecher vor dem Internationalen Gerichtshof Nürnberg, Bd. 20, Nürnberg 1947.

Troll, Hildebrand: Aufstand gegen das Christentum. Die Französische Revolution und ihre geistigen Hintergründe, Stuttgart 1989.

Walk, Joseph (Hg.): Das Sonderrecht für die Juden im NS-Staat. Eine Sammlung der gesetzlichen Maßnahmen und Richtlinien. Inhalt und Bedeutung, Heidelberg/Karlsruhe 1981.

Walterskirchen, Gudula: Blaues Blut für Österreich. Adelige im Widerstand gegen den Nationalsozialismus, Wien/München 2000.